LA PRISON JUIVE

JEAN DANIEL

LA PRISON JUIVE

Humeurs et méditations
d'un témoin

© ODILE JACOB, OCTOBRE 2003
15, RUE SOUFFLOT, 75005 PARIS

www.odilejacob.fr

ISBN : 2-7381-1162-9

Remerciements

Jean-François Colosimo a évidemment droit à ma gratitude pour la discrétion si efficace avec laquelle il a su encourager, épouser mon projet et l'enrichir de témoignages.

Quant à Dominique-Adriana Desvigne et Véronique Cassarin-Grand, elles ont eu à subir avec mérite mes anxiétés perfectionnistes.

Il me faut n'oublier ni Georges Bensoussan ni Henry Laurens qui pourront tous deux vérifier le profit que j'ai tiré à lire la somme du premier sur Israël[1] et celle du second sur les Palestiniens[2]. Mais je crains que Georges Bensoussan et Henry Laurens ne finissent par trouver, entre eux, contre moi un accord que leurs œuvres réciproques ne semblent pas avoir facilité.

---

1. *Une histoire intellectuelle et politique du sionisme 1860-1940*, Fayard, février 2002.
2. *La Question de la Palestine*, tome 1, *L'Invention de la Terre Sainte*, tome 2, *Une mission sacrée de civilisation*, Fayard, mars 2002.

« Yahvé dit alors au Sabin : "D'où viens-tu ?" "De rôder sur la terre, répondit-il, et d'y flâner." Et Yahvé reprit : "As-tu remarqué mon serviteur Job ? Il n'a point son pareil sur la terre." Et le Sabin de répliquer : "Est-ce pour rien que Job craint Dieu ? N'as-tu pas entouré sa vie, sa maison d'un cloître ?" »

Job I, 7-9.

INTRODUCTION

« L'Éternel a fait de moi sa cible. »
Job XVI, 12.

L'idée que les Juifs pourraient bien s'être imposé un destin carcéral et qu'ils en auraient proposé l'impossible grandeur à l'humanité m'est venue un jour à Jérusalem. Je m'entretenais alors avec un père dominicain, au demeurant sioniste, et un enseignant israélien pacifiste. Nous étions en l'an 2000. Ils revenaient de Gaza bouleversés par ce qu'ils avaient vu des malheurs palestiniens, mais ils ajoutaient que leur compassion indignée avait été en quelque sorte, au retour, séchée dans leur gorge par les horreurs d'un attentat suicide. Comment les uns et les autres pourraient-ils jamais oublier ce qu'ils s'étaient fait les uns aux autres ? Le professeur juif a cité le propos de Golda Meir : « Nous vous pardonnerons peut-être un jour d'avoir tué nos enfants, mais nous ne vous pardonnerons jamais de nous avoir mis dans la situation de tuer les vôtres. » La conversation aurait dû normalement se poursuivre, comme c'était le cas il y a seulement une dizaine d'années, par une recension des causes supposées de la tragédie. Causes qui n'eussent alors relevé que de l'économique, du social et de l'historique colonial. À la rigueur, eussions-nous déploré que, même en Terre sainte, l'homme demeurât un loup pour l'homme et qu'il fût comme sémite le pire ennemi de son frère.

Nous eussions regretté que les Juifs d'Europe centrale — les premiers grands Européens selon Milan Kundera — n'eussent pu ou su faire partager à leurs voisins une aventure exceptionnelle. Une épopée flamboyante comprenant la résurrection d'une langue, l'hébreu : vrai miracle culturel. Nous nous serions demandé comment ces Juifs pour qui le judaïsme est *une éthique de droit et de justice* vivaient le malheur palestinien et l'angoisse israélienne. À ce compte-là, nous serions restés dans le domaine de l'éthique, du national et de la culture ; domaine cher aux rêveurs et aux pionniers incroyants, hérauts et héros de l'« État des Juifs », selon le titre exact du livre fondateur de Theodor Herzl.

Hélas, ces regrets n'étaient plus de circonstance. Non plus que les vœux que nous formions pour que la fraternité monothéiste tempérât les débordements nationalistes. Mais rien de tout cela n'était plus possible dès lors que nous entendions le cri des « colons » juifs invoquer la volonté divine de les voir occuper des terres palestiniennes et la fureur des kamikazes déguisés en instruments de cette volonté avec l'idée d'accéder à la sainteté par le meurtre des civils et le suicide.

Or, et précisément, ce sont ces colons qui, *nolens volens*, ont, depuis leurs désastreuses « implantations », suscité chez les Palestiniens le sentiment d'une insupportable humiliation. Et ce sont aussi ces kamikazes qui ont provoqué l'union sacrée des Israéliens autour de Sharon et ont désarmé les forces de paix en Israël. Les idolâtres dans les deux camps ont fini par se livrer une véritable guerre de religions. Force était alors de constater que le conflit israélo-palestinien, prolongé par l'antagonisme judéo-arabe, était en voie de *théologisation négative*. Un primat était donné à l'explication théologique et à sa version la plus fanatique. Soudain, il nous paraissait naturel, à ce dominicain, à mon professeur et à moi-même, de chercher dans les interprétations des textes sacrés l'explication des affrontements. Je me suis dit que c'était bien là le phénomène le plus grave et qu'un changement radical était survenu. On abandonnait sans sourciller le domaine du politique pour chercher au Ciel des raisons de continuer à s'affronter.

Ce glissement du politique au religieux, du rationnel au théologique est trop lourd de drames pour ne pas m'y attarder. Dans les conflits qui font l'histoire des hommes, les polémologues distinguent ceux où les protagonistes s'entretuent jusqu'à une demande d'armistice ou un effondrement de l'un d'entre eux ; ceux, où les puissances de l'extérieur imposent une paix aux belligérants ; ceux enfin où les vainqueurs finissent par occuper le territoire des vaincus. Pour rendre compte des conditions du conflit, on évoque habituellement, l'histoire des peuples, la force des armes et le droit. Mais personne n'a pensé à Dieu pour commenter Verdun, Pearl Harbor ou Stalingrad. En fait, il a fallu attendre les attentats en 2001 contre les tours du World Trade Center pour retrouver, avec l'esprit des croisades — et l'éloge du meurtre sacrificiel —, la charte de l'ordre des Templiers octroyée par « le père Bernard, abbé de Clair-vaux », au temps du royaume franc de Jérusalem. Ainsi, nous avons quitté le sol, si rassurant sous le pied, de la raison pour les voyages oniriques dans les circonvolutions de la théologie.

Mais qu'est-ce qu'une pensée théologique ? C'est la pensée de tous ceux qui n'ont pas emprunté, ou qui abandonnent, les chemins de la pensée grecque et critique et qui estiment que tout commence par une Révélation. J'ai rappelé dans un livre, *Dieu est-il fanatique ?*, comment les deux Cordouans médecins et philosophes, Averroès et Maimonide, ont rejoint Thomas d'Aquin, « en Aristote », pour concilier la foi et la raison. Ils ne pouvaient pas faire plus que ce qu'ils firent pour leur époque. Mais ils ont indi-qué comment la croyance en une révélation ne pouvait permettre une pensée totalement libre. En fait, ils ne désiraient surtout pas qu'elle le fût pour le commun des mortels. Ils ont cependant contribué à délacer largement le corset de la pen-sée théologique. Or c'est à ce corset que les esprits les plus nobles et les plus libres nous ont invités aujourd'hui à revenir.

Comme l'écrit Emmanuel Levinas dans *Difficile liberté* :

« En effet, source des grandes religions monothéistes auxquelles le monde doit autant qu'à la Grèce et à la Rome antique, le judaïsme appartient à l'actualité vivante en plus de son apport en concepts et en livres par des hommes et des femmes qui, pionniers des grandes entreprises et victimes des grandes convulsions de l'histoire, se rattachent en ligne droite et ininterrompue au peuple de l'Histoire sainte. La tentative de *ressusciter* un État en Palestine et de retrouver des inspirations créatrices de portée universelle d'autrefois ne se conçoit pas en dehors de la Bible. »

Magnifique ! Et tragique ! Car Emmanuel Levinas s'interrogera plus tard sur le prix de cette *résurrection* d'un État en Palestine. En convenant que tout est là…

Je ne suis pas un théologien et n'ai aucun goût pour l'être, il s'en faut de beaucoup. Reste que mon incroyance est demeurée religieuse et que ma sensibilité aux chefs-d'œuvre de la littérature universelle, ici la Bible, m'a rendu disponible pour une immersion dans cet univers des mille et une nuits préislamiques racontées par les Juifs et les premiers chrétiens. Mais, à partir du moment où ces contes s'évadent du domaine de la féerie et du merveilleux pour constituer les codes éthiques qui auront une influence temporelle et politique écrasante, alors il faut bien se placer dans l'esprit de ceux qui y croient.

On sait qu'à leur arrivée, dès 1910, les Juifs ont trouvé en Palestine des populations structurées tandis qu'ils croyaient se réenraciner dans « une terre sans peuple pour un peuple sans terre ». Ils ont alors été contraints de transformer leur vision, leurs objectifs et leur stratégie. Sans le vouloir, et même parfois, pour certains, en se reniant, ils ont dû chercher ailleurs que dans l'hostilité du monde arabe et dans la légalité internationale une légitimité supérieure pour consentir à livrer des guerres. S'ils se trouvaient en Palestine, se disaient-ils, ce n'était pas par hasard. Une force les y avait conduits à laquelle ils n'osaient pas encore donner le nom de Dieu mais dont ils se découvraient déjà les prisonniers. Et, après sans doute la Shoah, mais surtout la victoire de 1967, ils n'ont fait que glorifier leur prison.

Or le peuple en question, le peuple palestinien, se révélait valeureux, intensément digne dans sa souffrance, révolté contre le sort qui lui était fait, bien décidé à se constituer en nation, c'est-à-dire à refuser à Israël ce qu'il avait si douloureusement toléré de ses frères arabes. Comme des occupants turcs, anglais et jordaniens. Ainsi que devait me le dire, en décembre 1992, le grand érudit Yeshayahou Leibowitz : « Les Palestiniens, opposés à l'offre de partage et de paix, peuvent être considérés comme responsables de la guerre de 1948 et de ses conséquences. Mais, depuis 1967, les Israéliens sont responsables de tout ce qui a suivi et donc de notre situation impossible d'occupants. »

Avant de se séparer, le prêtre et l'enseignant sont convenus qu'il n'y a qu'un problème intéressant depuis que les hommes sont les hommes, et que c'est le problème du Mal. Échappatoire. Il était facile d'en convenir, là où nous étions, au moment où nous parlions et alors que nous assistions aux désastres d'un conflit fratricide sur une terre sanctifiée par deux peuples déchirés. Il est une seule réponse, dit le dominicain, elle a été donnée par le Juif palestinien Jésus, sur la Croix. Il ajoutait que la Shoah pouvait être considérée comme une Passion identique. Point de vue qu'un penseur aussi profondément juif qu'Emmanuel Levinas en est arrivé à partager.

Ma réponse, je ne l'ai trouvée que plus tard. Je la donne aujourd'hui. D'abord Jésus. Le seul cri de lui, qui, au fond, m'ait jamais vraiment bouleversé, c'est sa question : « Père, pourquoi m'as-Tu abandonné ? » Car il n'y a plus, dans ces mots, qu'un homme projeté dans la solitude par un Dieu non incarné, tout-puissant et qui ne saurait abandonner l'enfant qu'Il s'est donné. Ce cri sonne dans mes oreilles, car il me semble l'avoir entendu comme celui d'un révolté juif qui exprime tous les révoltés du monde depuis la Création. Oui, ce n'est qu'un homme parmi les hommes et, sur sa Croix, il n'a pas l'idée d'une résurrection ni même, semble-t-il, d'une pitié. Il souffre et il ne comprend pas pourquoi. On l'a affreusement trompé. Il est atrocement blessé. Tout ce qu'il a dit aux autres, il ne peut le mettre en pratique. Il pense qu'il est enchaîné à un dieu qu'il a peut-être inventé et qui lui échappe. Il croyait être un Élu. Il n'est qu'un orphelin. Il est traité comme un Prométhée qui aurait été coupable d'avoir tenté de voler au Ciel non pas, lui, le progrès, mais la sainteté.

Chaque fois que je feuillette le grand livre consacré à l'art roman, édité chez Mazenod, je tombe en arrêt devant un Christ en croix, un

21

bois du XIIᵉ qui appartient à la Collection Bresset mais dont je n'ai jamais su où l'on pouvait l'admirer. En tout cas il s'agit, cela saute en plein visage, d'un très, très pur chef-d'œuvre. Et ce qui m'a retenu, et qui me fait le citer ici, c'est l'expression inattendue d'un visage (dont on donne le « détail » à la page suivante). Le Christ a l'air plus accablé que souffrant, il laisse son regard tomber sur son corps meurtri avec une gravité que je veux, moi, trouver accusatrice, « Regarde ton œuvre », dit-il à Dieu, selon moi, ou encore « Pourquoi ai-je cru en Toi ? » Il y a dans le second mouvement du *Messie* de Haendel des phrases musicales qui pourraient servir de légende sonore, qu'il faudrait écouter en contemplant cette statue romane. À vrai dire, depuis que je sais cela, depuis que j'ai décidé de comprendre ainsi la Passion, cet homme, Jésus, m'est aussi proche que le plus fraternel des frères, comme celui que l'on trouve dans maints passages du majestueux *Livre de Job*. Ce Jésus-là est, tout comme Job, une victime, un Juste, dont rien ne nous dit qu'il comprend l'énormité de son infortune au moment où il ne fait que le bien. D'ailleurs, aucun grand peintre, aucun de ceux qui peuvent prétendre avoir été intercesseurs du divin grâce à leur art, n'a eu la tentation de faire de la Passion une extase ni même un être souffrant mais qui eût attendu avec confiance la résurrection dont il détiendrait le secret.

De toute façon, si le Golgotha signifie partage du calvaire, tous les Golgotha d'Auschwitz ne pourraient traduire ce partage. L'Holocauste pèse de manière si écrasante que nombre de penseurs juifs, et autant de chrétiens, bien décidés à soustraire la foi à tous les doutes que la raison impose et légitime, finissent par déclarer que Dieu, ce Dieu d'Abraham, de Moïse et de Jésus, ce Dieu d'Augustin, qui a créé le Temps et l'Histoire et qui a donné un sens à la vie, Celui-là devrait être absent de l'Histoire et du Temps pour rester innocent dans son éternité. Piètre recours ! Misérable panacée ! Devant tous ces nouveaux bien-pensants qui, chacun en son Église, ont l'impudence de fonder et de conserver leur foi grâce à autre chose que l'inquiétude et le questionnement, devant tous ceux qui veulent à tout prix et n'importe comment faire entrer dans un ordre commode les mystères de la Vie et du Mal, il faut choisir le scandale.

Je me suis résigné à conclure que la Shoah, monstruosité que les Juifs veulent décidément concevoir comme aussi unique que le dieu inventé par Moïse, pose un problème radicalement nouveau. Comme le dit un ami : « Le soleil noir de la Shoah a tout brûlé, le rêve de jadis comme la raison d'aujourd'hui. » Reste que, pour le comprendre et l'admettre, la distinction entre la foi et la raison se révèle rapidement insuffisante. Le *credo quia absurdum* se cogne à des limites. Alors la tentation est grande pour un croyant, qui tient à sa foi, de laisser Dieu en dehors de l'absurde. Mais ce n'est pas possible et ce serait trop commode.

D'autres, on le sait, voient au contraire dans le génocide une entreprise punitive, un nouveau Déluge, rappelant aux Juifs leur différence radicale, fondamentale, identitaire. Manière, par exemple, de condamner cette assimilation en marche qui aurait pu signifier la disparition d'un peuple dont l'existence a été décidée par Dieu. À ce compte-là, Hitler, en essayant d'exterminer tous les Juifs, aurait assuré la survie de quelques-uns. Scandale insupportable. D'autant plus que, dans cette perspective, on risque d'avoir à conclure que, après avoir échoué tragiquement dans leur volonté d'être des individus comme les autres, les Juifs sont aujourd'hui contrariés dans leur désir de constituer un État comme les autres. Et cela, non plus, n'est pas possible. On le verra plus loin. Citons le plus édifiant exemple d'assimilation : celui de l'Allemagne, qui a fasciné l'humanité par ses musiciens et ses philosophes, et qui a voulu exterminer ses propres nationaux. Einstein, Mahler, Freud et Kafka sont des contemporains de Hitler. Issus de la même société. En dépit du nombre et de l'éclat des conversions au christianisme (Husserl, Mahler, mais aussi Schönberg, lequel cependant se reconvertira au judaïsme après la Shoah), les populations juives allemandes n'ont jamais vraiment effacé leurs origines. La montée du nazisme a coïncidé avec l'affirmation d'une intelligentsia qui affichait une judéité parfaitement germanisée. En 1942, Stefan Zweig s'est suicidé au Brésil en raison — entre autres — du conflit que suscitait chez lui son amour contrarié de la langue allemande. La même année la carmélite juive, Edith Stein, convertie avant d'être déportée et gazée, accepte « avec soumission » sa mort pour, — entre autres choses —, « le salut de l'Allemagne ». Nahum Goldman, premier président du Congrès juif mondial, est allé jusqu'à se demander s'il n'y avait pas, au fond, une identité de destin entre le peuple allemand et le peuple juif.

Or il y a bel et bien eu la Shoah, et voici que nous nous trouvons, après cette scandaleuse épreuve, dans le pathétique des convulsions israélo-palestiniennes. Le philosophe juif Martin Buber avait rappelé qu' « il n'y aura évidemment de légitimité pour l'État hébreu que dans la mesure où celui-ci se fera accepter par tous ses voisins ». C'est ce que dit Simone Weil des conquêtes : « Aucune n'est acceptable sauf celle qui permet aux colons de ne plus faire qu'un avec les indigènes. » Mais, condamné à l'agression par le fameux « refus arabe », comment ce petit État pouvait-il arriver à se faire accepter sans s'imposer par les armes ? C'était là le piège. En étant fidèles à l'Alliance qui préconisait le retour à Sion, ils devenaient infidèles à l'injonction de n'être que des prêtres et des témoins.

Ce sont toutes ces contradictions portées à des tensions incandescentes qui m'ont inspiré le sentiment, soudain clair et évident, que les Juifs s'étaient eux-mêmes et délibérément enfermés dans une véritable prison et qu'ils l'aimaient de passion. À la fin des fins, ils en arrivaient à voir dans cet enfermement du peuple élu la servitude et la grandeur de la condition juive. Ils avaient pris eux-mêmes cette décision, mais comment pouvait-elle être étrangère au dessein de Dieu ? Comment pouvait-elle n'avoir pas commencé avec le premier caprice divin que constituait l'injonction à Abraham de tout quitter, de tout abandonner, de se déraciner et cela pour se réenraciner ailleurs, sans explication sur le lieu choisi ?

La prison pouvait bien avoir des architectures diverses mais les Juifs vérifiaient, dans leur jubilatoire détresse que, chaque fois qu'ils essayaient de s'échapper, une force les rattrapait pour les punir et les faire réintégrer, dans la fierté et le malheur, leur condition carcérale. Cette idée m'embarrasse moi-même. Israël comme une prison ? Simplement parce que son peuple n'a pas disparu ? Parce qu'il est miraculeux qu'il ait survécu à tant de persécutions ? Parce qu'il incarne l'espérance au lieu de croire à sa malédiction ? Et les Arméniens ? Et les Kurdes ? Et les Polonais rayés trois fois de la carte ? Et les Africains noirs, pendant des siècles enfermés dans la servitude ? En fait, c'était évidemment moins simple. Et la prison, bien sûr, est ailleurs. Elle se trouve dans l'esprit de ceux, même incroyants, qui se conduisent comme si leur geôlier ne pouvait être que Dieu, que ce soit en Terre sainte ou en diaspora.

Mais pourquoi ce comportement ? J'ai cru trouver la réponse lorsque je me suis pour ainsi dire heurté aux concepts inauguraux et fondateurs de l'Élection et de l'Alliance dans les premiers chapitres de la Bible hébraïque. Dans cette sorte d'illumination prémonitoire, je me suis dit que toute l'humanité serait, un jour ou l'autre, invitée à rejoindre les Juifs dans la prison. Et qu'ils n'y seraient pas plus heureux. Reste à se demander, de manière plus rationnelle et, s'il est possible, plus froide, quelles pourraient être les raisons de cette étrange interpellation juive qui, depuis les Alliances avec Noé, puis avec Abraham, enfin avec Moïse, et surtout depuis la Shoah et l'État d'Israël, nourrit l'imaginaire collectif de tant de millions de personnes qui devraient être indifférentes. On a vu plus haut, et on verra mieux encore plus loin, quel avait été le traumatisme de la Shoah. Mais quel rapport cela pouvait-il avoir avec la création de l'État d'Israël ? C'est ce qui va nous occuper.

Dans les années 1950, quelques grands écrivains catholiques, de Jacques Maritain à Paul Claudel, sont allés jusqu'à dire, après Léon Bloy, que « les Juifs barrent la route de l'humanité comme une digue barre le cours d'un fleuve : pour en élever le niveau ». Et la Shoah en était selon eux la preuve. Cette dévotion messianique était peut-être au niveau de la conscience culpabilisée par les crimes anciens de leur Église. Elle impliquait, surtout chez Claudel, l'idée que Dieu, par le génocide, avait solennellement et orageusement enjoint à son peuple de précipiter son retour dans la Terre promise à Abraham. « Vous n'avez plus le droit d'attendre », disait Claudel à ses amis juifs. Interpellant Israël à sa célèbre manière, le grand poète catholique lui dit : « Dieu n'a pas mis tant de temps à s'habituer à ton intéressante physionomie pour qu'il se prive ainsi, tout à coup, des bénéfices de ta curieuse vocation et de ta personnalité. Ce n'est pas tous les jours qu'on trouve un peuple comme Israël afin de s'y emmancher. » En fait l'indiscutable compassion de Claudel pour les victimes du génocide était inséparable du rôle que les chrétiens les plus ouverts ont assigné aux Juifs : celui d'être les témoins les plus fidèles de la passion de Jésus. Mais aussi peut-être les plus aveugles. Il reste que ni Claudel, ni Maritain, ni leurs interlocuteurs juifs ne pouvaient prévoir ce que nous observons aujourd'hui, en marge de la prodigieuse expansion de l'islam, à savoir : la centralité exceptionnelle de la pensée juive et l'impact de son influence aux États-Unis et dans le monde tout entier.

À vrai dire, l'intensité inédite du retentissement du plus monstrueux génocide de l'Histoire — celui auquel on a précisément décidé de donner un nom (la Shoah) — et les répercussions ethnico-religieuses et géopolitiques quasi planétaires du conflit israélo-palestinien, ces deux faits peuvent conduire à considérer que méditer sur la question juive revient à méditer, en 2003 du moins, sur la condition humaine.

L'exception biblique

Sans doute des études passionnément discutées mais parfois édifiantes entendent-elles mettre sur le même plan les barbaries bolchevique et nazie, ou le colonialisme et les deux autres entreprises génocidaires. C'est une discussion sans fin qui peut séparer des hommes de bonne foi, et j'ai éprouvé la difficulté à trancher dans ce sujet au cours de longs entretiens avec mon ami l'historien François Furet.

Peut-on se contenter de chiffrer les millions de victimes de tel ou tel génocide ? Le concept d'un totalitarisme unique arrive-t-il à triompher de la diversité de ses manifestations ? Faut-il, avec Hannah Arendt, se rallier à la thèse de la banalité du mal et à l'interchangeabilité des victimes ? Autant de questions que je veux laisser ouvertes pour le moment. Mais il reste que personne, jusqu'à maintenant, ne s'est demandé s'il était possible de « penser après le goulag », comme Emil Fackenheim s'est demandé comment on pouvait « penser après Auschwitz ». Et comme s'est demandé un penseur religieux, Hans Jonas, ce que devient *le concept de Dieu après Auschwitz*. Personne ne s'est posé la question de l'absence de Dieu pendant les transferts et les massacres de populations en Union soviétique, après le génocide khmer, ou après ceux récents — effroyables — du Rwanda. On a vu comment certains penseurs juifs déclaraient s'accommoder de l'absence de Dieu. Mais d'autres ont fait entendre un autre cri selon lequel on ne pouvait supporter d'être *coupable d'être née* (Simone Lagrange). J'ai déjà cité les penseurs bien décidés à justifier la colère de ce Dieu dont on suppose infinie la miséricorde. Le

Créateur aurait été affreusement déçu par ses créatures, plus encore qu'avant le Déluge, lequel, rappelons-le, ne devait pas avoir de lendemain selon la Promesse faite à Noé. Ils considèrent donc que Dieu n'est jamais autant présent que lorsqu'Il condamne, punit et décime des peuples « nécessairement » coupables. La cruauté spécifique de la Shoah ne soulignerait alors que l'exceptionnelle indignité des pécheurs. C'est la thèse de la sanction divine qui, depuis la destruction de Sodome et Gomorrhe, la destruction des deux Temples et les différents exodes, est régulièrement brandie pour justifier la cruauté divine et appeler les fidèles à la contrition et à la purification.

En lisant les deux Testaments

Le Deutéronome prophétise : « Si tu ne veilles pas à mettre en pratique toutes les paroles de cette loi (concernant la terre de Canaan), le Seigneur se plaira à vous faire disparaître et vous exterminer, et vous serez arrachés de cette terre où tu entres pour en prendre possession. » Quant à Jérémie, sans doute commencera-t-il à prophétiser l'épreuve de l'exil : « Comme vous m'avez abandonné pour servir les dieux de l'étranger dans votre pays, demain vous servirez des étrangers dans un pays qui ne sera pas le vôtre. » Mais plus tard, le même Jérémie qui vit à Jérusalem au VIᵉ siècle avant J.-C., notamment pendant la période qui suit la première offensive de Nabuchodonosor, tandis que le royaume de Judée n'est qu'un territoire autonome babylonien, lui-même Jérémie, donc, adresse une lettre aux Judéens qui ont été déportés en Babylonie. Il leur dit : « Construisez des maisons, plantez des jardins, mariez vos fils, mariez vos filles, faites le bonheur, contribuez au bonheur du pays où vous êtes, car ce bonheur-là est aussi le vôtre. » Extraordinaire message, superbe et noble ambiguïté de Jérémie, ce n'est pas l'exil qui compte, c'est ce que l'on y fait. On peut être fidèle à l'Élection (sinon à l'Alliance !) où que l'on soit, comme le rappelle Théo Klein. Les tenants de ces deux écoles ont, en Israël, autant d'autorité les uns que les autres.

Sauf qu'en se constituant en une punition seulement plus implacable que les autres la Shoah perd sa précieuse unicité et même sa singularité. De toute façon, l'idée même d'une sanction peut-elle garder un sens lorsqu'elle se manifeste non par la punition du coupable, mais par une sanction collective ? Alors même que, du point de vue de la morale juive, les penseurs de l'ère postbabylonienne, Jérémie, Ézéchiel, etc., avaient dénoncé avec éclat cette conception : « Vous ne direz plus désormais : nos Pères ont mangé du raisin vert et ce sont les dents des enfants qui en sont agacées. À l'avenir c'est le pécheur lui-même qui mourra. » Rupture aussi importante entre deux morales que celle qui eut lieu entre les deux Testaments. Ce que montre bien Jean Bottéro à propos de deux grands textes bibliques qui sont en même temps des monuments de la littérature universelle, le *Livre de Job* et l'*Ecclésiaste*. Les deux auteurs y ont fait une recension exhaustive non seulement de tous les malheurs de l'humanité mais de toutes les injustices que Dieu tolère sur la terre et dont même les justes et les saints sont souvent les victimes. Job et l'Ecclésiaste ont conclu que Dieu ne voulait pas être compris, qu'Il tenait à ne pas l'être, que « l'on avait besoin de ne pas Le comprendre pour L'admirer », et que l'on ne pouvait rien espérer de Lui sans L'approuver ni L'aimer quoi qu'il fît. On retrouve ici le *credo quia absurdum* de Tertullien. De toute façon, l'injonction était claire : il fallait se soumettre à la Loi. Mais si la loi elle-même n'est pas claire ?... Jésus, d'ailleurs, sera interpellé de la même manière : « Rabbi, qui a péché, lui ou ses parents, pour qu'il soit né aveugle ? » (Jean IX, 2 — Guérison d'un aveugle-né.)

Cela n'enlève rien au fait que l'on ne se pose pas la question du sens de la vie et de l'Histoire après chaque inondation ici, chaque secousse sismique là, chaque épidémie ou chaque famine ailleurs. Bref, on peut penser le Mal pour les six milliards d'habitants de la planète. Mais, pour les quinze millions de Juifs dans le monde et les cinq millions d'Israéliens, alors on se pose la question du mystère de l'existence, de la présence de Dieu, de la révolution monothéiste et du destin juif. C'est en tout cas ainsi que se vit le problème pour l'Occident tout entier et, par voie de conséquence négative, pour le monde arabe et, souvent, africain.

Refus de la fatalité

Puisque je fais de ces observations liminaires sinon un postulat, en tout cas un fondement et une cause déclenchante de ma méditation, il me faut m'attarder sur leur fiabilité. Loin d'être le fruit d'obsessions judéo-centristes, elles sont au contraire, je voudrais le montrer, l'aboutissement d'un désir de libération. Je suis parti de l'idée qu'il n'était pas souhaitable, ni sain, ni juste, de brandir sans cesse l'argument du « mystère juif ». C'est-à-dire de résumer les problèmes du monde dans le fait qu'on ne peut rationnellement répondre aux questions posées par la singularité de l'histoire des Juifs, la pérennité de leur parcours et l'universalité de leur message.

C'est à partir de ce constat que je me suis pris à être attentif à la façon dont les Juifs vivaient leur nouveau destin après 1948. Évidemment, la naissance et l'épanouissement du petit État juif, devenu une puissance militaire à l'ombre de la superpuissance américaine pour faire face à un environnement hostile, ont sans cesse infléchi mes conclusions.

Il m'a bien fallu observer que, né pour en finir avec l'antisémitisme chrétien, l'État d'Israël se développait en nourrissant un nouvel antisémitisme arabe. Sans doute de puissantes organisations juives et certains intellectuels estimables se sont-ils empressés de décréter qu'il s'agissait de la résurgence du même phénomène en une terre différente. Grave conclusion. Infidèles, selon moi, au message d'Auschwitz, ils ne font pas la distinction entre les barbaries dont ils ont été les victimes simplement parce qu'ils étaient nés et parce qu'ils existaient, et les vicissitudes qu'ils rencontrent en raison de ce qu'ils font, librement et souverainement. Pour la première fois depuis deux mille ans, les Israéliens sont maîtres de leur destin national. Ils sont dans le *faire* et non plus seulement dans l'*être*. Or voici que certains d'entre eux, enténébrés à jamais par la fatalité du Mal, se révèlent incapables de distinguer entre les désastres qu'ils ont subis à Auschwitz et les guerres qu'ils livrent, à égalité avec leurs ennemis, en Israël. Ce sentiment de fatalité d'un antisémitisme éternel et omniprésent a commencé de me confirmer dans l'idée qu'il y avait bien quelque chose qui ressemblait, dans le mystère juif, à une prison.

Ici, je dois prévenir le lecteur que j'oscillerai constamment, et parfois même sans souci d'équilibre, entre l'examen des initiatives attribuées aux hommes et celles supposées traduire la volonté de Dieu. Autrement dit, il est indifférent pour mon propos que l'on s'exprime comme si l'on était croyant ou comme si l'on se voulait incroyant.

Quelle transcendance ?

À vrai dire, et pour prolonger cette digression précautionnelle, mieux vaut préciser aussitôt que j'ai adopté sur ces questions une attitude anachronique héritée d'Ernest Renan, rajeunie et avivée par Jean Bottéro. Je pense qu'il y a quelque chose de divin dans les entreprises de ceux qui ont imaginé Dieu, mais que cela ne suffit pas pour établir l'existence de Dieu. Je pense que certains des rédacteurs successifs des principaux textes de la Bible, si éloignés qu'ils puissent être de l'Histoire et parfois de la légende elle-même, ont atteint un sublime qui a des parfums de transcendance. En un mot, l'imagination et l'art des hommes n'ont pas cessé de les inviter à un dépassement, même lorsqu'ils en arrivent à ne pas se délivrer des mailles d'un filet qu'ils ont patiemment et génialement tissé, et dont ils attribuent la souveraine perversité à une colère de Dieu. Au bout du compte, et on le verra plus loin, il n'y a plus d'incroyants. Il y a des croyants qui savent qu'ils croient et qui l'assument, et des incroyants qui se comportent, sans l'assumer, comme des croyants. C'est une autre histoire, mais on la retrouvera sans cesse au long de ces pages.

Qu'ont fait les héritiers du judaïsme ? Notons que les historiens les plus différents se rejoignent pour admettre qu'il y a eu des moments très distincts sur le chemin de la formation de ce que l'on appelle aujourd'hui la pensée juive. On peut dire ensuite que Paul, lorsqu'il a décrété qu'il n'y avait pas besoin d'être juif pour être fidèle au message du judaïsme, a tenté de briser les quelques barreaux qu'il avait consolidés lorsqu'il s'appelait encore Saül de Tarse. D'ailleurs, pour ce qui est du christianisme, le comportement arrêté lors des premiers conciles et appliqué par l'Église depuis les croisades jusqu'à l'Inquisition, a tôt fait de refermer certaines fenêtres ouvertes dans les Évangiles. On retrouve donc sans doute une prison, mais d'un genre bien différent. Enfin, il est évident que l'islam a une mission conquérante et globalisante qui vise à imposer aux fidèles présents et futurs de l'humanité entière, ou comme le dit Jacques Berque, pour les inviter à une servitude volontaire et à une *soumission émerveillée*.

Il n'en reste pas moins que c'est le judaïsme qui a inventé le dieu unique. C'est à partir de Son message ou de Ses Révélations qu'un enseignement a été dispensé selon lequel on ne peut que se damner en fuyant les missions associées à l'Élection, à l'Alliance et à l'enracinement dans une terre judaïsée. Non seulement Dieu attribue aux Juifs une terre déjà habitée par un peuple qui Lui est en principe aussi cher que tous les autres, mais Il enjoint aux nouveaux venus, qui sont les nouveaux élus de lutter contre les indigènes ; et Il les condamne à se comporter dans le pays conquis de manière exemplaire, c'est-à-dire sans idolâtrer les dieux cananéens et sans oublier la Torah, et les dix Commandements. Quand on voit le degré d'exigence, voire de caprice, que Dieu manifeste à l'égard de Son peuple, il faut bien s'aviser que ce sont les Juifs qui, par touches successives, se sont inventé ce dieu et que cette invention a pris une existence autonome, indépendante de ses inventeurs. Comme disait un psychanalyste juif, il y a souvent un rapport sadomasochiste entre le Dieu créé et le peuple, ici créateur.

En tout cas, le présent essai va tourner autour de ces thèmes. Dans un certain sens, c'est une forme de témoignage. Ce n'est en effet qu'un témoignage. Pour suivre le conseil de l'historien Marc Bloch, il me faut donc retourner au témoin que je suis. Et d'abord au Juif que j'ai été.

I

LE TÉMOIN

« Nu, je suis sorti du sein maternel.
Nu, j'y retournerai. »

Job I, 21.

L'intérieur. L'extérieur.
Le soupçon

J'ai le respect le plus attentif pour des êtres comme Robert Badinter, Daniel Barenboïm, Ady Steg, Pierre Vidal-Naquet, et d'autres amis qui sont des Juifs exemplaires mais qui n'auraient pas besoin d'être juifs pour être exemplaires. On ne se pose pas la question de la prison en les observant. Il se peut qu'ils y soient mais ils font comme si elle n'existait pas. À un autre degré et dans le passé, c'était le cas de Freud et d'Einstein, si violemment opposés qu'ils aient pu être sur le sionisme. Tous deux se disaient juifs athées (Freud se voulait, de plus, *hérétique*). Mais après le nazisme ils ont « rejoint », comme on dit dans l'armée. Personne alors n'aurait songé à dire de l'un ou de l'autre qu'il était « extérieur à la Communauté ». C'est, pourtant, ce que dit de moi un homme admirablement libre, un Juif affirmé mais si ouvert, Théo Klein. Du moins suggère-t-il que c'est ce que la Communauté pense de moi. « Extérieur ? » Lui serait donc un adversaire *de l'intérieur* ? Ce n'est pas ainsi que j'ai sans cesse et dans tous mes livres évoqué ma famille juive. Mais, après tout, il doit y avoir quelque chose de vrai dans cette impression que je donne. Et formé dans ma jeunesse par André Gide, j'ai toujours détesté les milieux fermés. J'ai toujours eu envie d'aller regarder ce qu'il y avait derrière les murs. Chez moi, dans la grande maison, on pouvait respirer ; dehors, dans la *rue des Juifs*, non. Ensuite, je ne me suis jamais vraiment senti séparé des autres que par l'esthétique ou par l'émotion et je reviendrai sur ce qui a pu m'attirer dans les autres religions grâce à ces motivations. Enfin, et pour dire les choses simplement, mon sentiment d'appartenance spontanée, viscérale, exprime une *francité méditerranéenne* dont le judaïsme n'est qu'une composante. Je me suis souvent depuis affirmé comme « Juif de solidarité ». Je le fais à nouveau à la condition de préciser que cette solidarité est sans faille. Ce que je peux décrire *de l'extérieur*, ce sont en revanche toutes les manifestations communautaires des Juifs regroupés en tribus, et j'ai peine à ne pas y déceler des aspects communautaristes qui m'agressent. De toute manière, l'essentiel est de savoir si, grâce à cette extériorité, je suis ou non conduit à la pertinence.

C'est en exerçant ma profession de chroniqueur que j'ai eu l'expérience de ce que Sartre appelait « l'enfermement dans les structures identitaires ». Pour Sartre, philosophe de la liberté, il s'agissait de dénoncer la réduction d'un homme à ses déterminations. Au contraire, il prétendait juger un homme sur la façon dont il les dépassait. C'est dans cet esprit, celui de la menace de l'enfermement, que j'ai ressenti les incitations qui m'étaient constamment faites de préciser la façon dont je vivais mon judaïsme. Certaines personnalités juives et même certains amis proches s'inquiétaient de me voir, selon eux, « objectiver » (c'était le jargon de l'époque) mes appartenances. À les entendre, je parlais de la judéité comme de quelque chose d'extérieur.

Faisais-je état de mes écrits politiques ou biographiques, on affirmait que le détour par le conflit israélo-arabe et le recours aux souvenirs d'enfance m'avaient servi d'alibis pour éviter d'assumer pleinement mon « judaïsme ». Or j'avais tendance à penser que j'avais déjà beaucoup parlé de ce « problème » et que, partout, on était de plus en plus enclin à en trop parler. Tel est pourtant le tribunal, et tel le dogme, qu'une affirmation de ce genre, qui consiste à redouter la complaisance dans l'excès, paraît aussitôt suspecte. Si je trouvais qu'on en parlait trop, c'était que, secrètement, je préférais, grâce au silence, la dissimulation. Dans ce cas, n'étais-je pas de ceux qui, honteusement, bien sûr, rêvent de cette funeste assimilation, laquelle n'a jamais abouti au cours des siècles qu'à surprendre, à prendre de court, à désarmer les victimes, depuis toujours désignées, de la persécution ? Question que l'on croit très moderne, sous le prétexte que nos jeunes gens d'aujourd'hui la posent et prétendent l'imposer. Autrement dit, douter que la persécution soit indépendante du comportement des Juifs et ne pas croire que l'antisémitisme soit une catégorie de l'esprit, ce serait déjà trahir...

Haine de soi ou pensée captive ?

J'ai toujours été impatienté par les décryptages autoritaires du contenu inconscient des propos que l'on formule. Ces décryptages s'inscrivent dans les théories diverses dites du soupçon. C'est l'attitude des psychanalystes, des marxistes, des linguistes, des ethnologues, bref, de tous ceux qui, croyant à une prédétermination, suppriment en somme toute liberté de pensée et d'expression, toute responsabilité de ce que l'on exprime. Nous parlons, mais c'est un *ça* (ou un « il ») qui parle à notre place, et nous ne savons pas ce que nous voulons dire ni ce que signifie ce que nous disons. Nos propos sont supposés révéler tout autre chose que ce qu'ils expriment. En l'occurrence, tout mon discours sur la judéité ne peut que trahir une attitude sur les Juifs que je me cache à moi-même. Dans ce cas, il n'y a plus aucun moyen de conduire un raisonnement ni de se livrer à la moindre analyse. Nous sommes des objets d'étude et non des sujets réfléchissants.

Sans doute, lorsque de grands anthropologues ont évoqué la mentalité dite primitive ou la pensée dite sauvage, leur mission était-elle de décrire les mythes et de découvrir, dans le cas de Lévi-Strauss, ce fameux « inconscient structural », demeuré invisible et inexprimé. Mais les peuplades étudiées ne prétendent pas rationaliser d'elles-mêmes leur propos. Elles laissent ce soin aux anthropologues. Or on voit naître de plus en plus de disciplines qui attribuent aux sociétés modernes un discours caché dont seuls des grands prêtres détiendraient le sens et pourraient le décrypter. On n'est pas loin ici de cette « pensée captive » qu'un Octave Milosz a si admirablement décrite en pensant à l'instrumentalisation bolchevique de la théologie marxiste. Cette observation, déjà faite dans bien des domaines, est particulièrement opportune dès qu'il s'agit de réfléchir sur les religions monothéistes et en particulier, peut-être, sur le judaïsme. Avant même que l'on s'exprime et au moment où l'on s'exprime, la question qui obsède l'interlocuteur est de savoir dans quelle mesure on est tenté (par un détour qui ne peut être qu'un alibi suspect), de sortir plus ou moins de l'orthodoxie. Il ne s'agit plus d'un échange de réflexions mais d'une entreprise de détection des mauvaises raisons au nom desquelles on essaierait de prendre une distance quelconque avec le judaïsme. Pour juger de toutes ces raisons, les directeurs de conscience jouent les procureurs. Ils guettent le moment où ils poseront leur diagnostic : le confessé est sans doute victime de la fameuse « haine de soi ». Je ne m'attarderai pas sur l'origine et surtout sur l'évolution de ce concept qui est loin de ne concerner que les Juifs. Comment caractériser autrement les pages que l'un des fondateurs de la sociologie, l'Arabe algéro-tunisien Ibn Khaldoun, a consacrées dès le XIVe siècle à son clan, à sa tribu, à sa famille, à son peuple ? Pour ce qui est des temps modernes et de la France, on peut dire que personne n'a jamais autant haï en lui-même sa propre roumanité que le Roumain Emil Michel Cioran. L'obsession des Noirs américains a été de se blanchir pour se faire accepter de leurs ennemis, tant ils avaient intériorisé les motifs de leur haine. Mais il est vrai que, chez les Juifs, un écrivain allemand et protestant, G. E. Lessing, a su, dès le XVIIIe siècle, dans sa pièce *Nathan le Sage*, déceler des manifestations subtilement masochistes. La « haine de soi » implique que l'on justifie la persécution en s'estimant inférieur aux persécuteurs.

Tous les colonisés, les chômeurs, parfois les femmes, souvent les homosexuels sont passés un jour par cette épreuve. Reste que l'accusation de « haine de soi » demeure le dernier recours pour dénoncer un renégat chez tous ceux qui refusent la ghettoïsation de l'intelligence.

Une impossible singularité

C'est le premier moment où l'esprit libre, ou qui prétend l'être, peut avoir le sentiment d'une prison. Il découvre l'idée qu'on ne sort de la judéité qu'en trahissant et qu'en *se* reniant. On lui donne toutes les raisons de son incarcération. Il est prisonnier précisément parce qu'il croit pouvoir ne pas l'être. C'est d'ailleurs là une spécificité : quand bien même on sort de la religion, on ne sort jamais du peuple juif et de son destin unique, même et parfois surtout si l'on se déclare incroyant. Refuser le créateur, ce n'est pas, ce ne peut être refuser sa création et ses créatures. On est condamné à l'appartenance. Et pourquoi cette condamnation exclut-elle un choix ? C'est là le plus important. C'est parce que, au fond, il n'y a pas eu de choix. Au départ, Dieu a supprimé le choix parce qu'Il a imposé l'Élection. C'est un paradoxe à la fois passionnant, merveilleux et tragique que cette condamnation au Bien qui supprime une partie de la liberté. On ne peut s'en écarter qu'en pratiquant le mal ou en sortant du peuple de Dieu. C'est une prédestination sans la grâce. Mais l'Élection n'est pas seule en cause. Sur un autre mode, la Shoah ou Israël présentent désormais la même qualité d'essence, d'éternité et, en somme, d'absolu. Et ces trois termes constituent, si l'on veut, les murs invisibles de la prison juive.

Je pars de l'hypothèse selon laquelle Dieu pourrait avoir adressé au peuple qu'il s'est choisi un message doublement ambigu. Non seulement, pour autant que l'on puisse prêter à Dieu un dessein, Il aurait imposé aux Juifs, notamment par l'intermédiaire de Moïse et après l'Alliance conclue avec Abraham, l'obligation d'obéir aux dix Commandements auxquels seuls des saints pourraient vraiment obéir. Seul, en effet, l'élu, qui est pour moi l'autre nom du saint, peut prétendre satisfaire à de telles exigences. Mais davantage : il arrive qu'interdisant aux élus de n'être pas des saints Dieu donne toute liberté au Diable pour s'acharner contre eux. Il maintient la Shoah dans l'énigme. Il ne l'explique pas. Il s'absente. Ou il rit. De plus, il ne procure pas davantage la recette pour concilier cette exigence de sainteté dont seraient investis « des prêtres et des témoins », avec la promesse, redevenue réalité après deux mille ans, d'une existence territoriale à l'intérieur d'un État. C'est-à-dire d'une institution matérielle, temporelle, qui implique des secrets d'État, des raisons d'État, des intérêts d'État, la formation de soldats et de guerriers, et qui conduit à invoquer un nationalisme du particulier trahissant ainsi l'universalité des commandements. N'y a-t-il pas, à la fin des fins, un paradoxe à demander à un peuple d'être « exemplaire » en sachant que cette exemplarité ne peut être qu'un privilège de Dieu ? N'y a-t-il pas, d'autre part, une contradiction cruelle entre l'octroi à Israël d'une terre confisquée à d'autres et l'exigence d'une sainteté nationale ?

Je n'hésite pas à ajouter à ces affirmations une dimension très subjective. Je n'ai jamais pu accepter l'idée qu'il y ait une détermination définitive et qu'elle contraigne à une appartenance. Ce que je trouve de plus exaltant dans les définitions retrouvées de la laïcité, c'est que ce concept, fruit de longues conquêtes, confère à l'État la fonction de protéger l'individu contre le groupe.

De ce point de vue, je ne puis accepter l'idée qu'il y ait une détermination juive, que cette détermination soit divine et qu'on ne puisse y échapper. Contre une telle conception, tout mon être se révolte. Mais c'est avec une fermeté au moins aussi grande que je me refuse à toute indifférence à l'égard des persécutions infligées au peuple juif sous le prétexte que je n'accorde pas à cette souffrance une dimension d'irrationnel ou de transcendance. Cela conduit à s'immerger dans la solidarité avec les Juifs souffrants lorsqu'ils souffrent. Ne serait-ce que pour prouver, pour *se* prouver, sa liberté. Cette solidarité, libre de toute détermination, s'épanouit dans l'universel et rend plus solidaire de tous les peuples.

Le legs paternel

Ce refus ne tient pas aux seuls hasards de mon aventure personnelle, même si ceux-ci en ont nourri la conscience. J'aime raconter combien, chez nous, la religion était une affaire de famille et non de communauté ; à quel point mon père en était l'unique grand prêtre. J'aime raconter également combien j'ai été marqué par le récit héroïque, fait par mon frère, du geste de notre père répondant par la force à l'injure raciste. Récit déterminant dans la mesure où il éloigne et même exclut par avance la figure du Juif comme être gémissant, courbé, soumis, passif.

Les structures tribales de notre famille nombreuse ont accueilli et intégré, sans les dissoudre, des éléments étrangers à notre religion sans susciter de perturbations notoires. Il m'arrive ainsi d'assister, au cours de la même semaine, à la circoncision d'un nouveau-né et à la communion catholique d'un enfant. Toute une famille très mélangée se retrouve sans la moindre surprise tantôt à l'église, tantôt au temple, tantôt à la synagogue pour célébrer un rite en conformité avec les croyances de tel ou tel parent. Personne n'a eu jusqu'ici le sentiment d'une trahison ou d'un blasphème, et, parmi ceux qui sont le plus soucieux de respecter la mémoire de leur grand-père juif, il y a des jeunes gens élevés dans la foi chrétienne et désireux d'en observer les commandements.

J'admets que tout cela puisse paraître exceptionnel et en tout cas peu représentatif. Je souligne, à l'intention de ceux qui sermonnent sur l'universalité du message juif, que l'homme auguste qui servit de patriarche à notre famille, mon père, n'a pas trop mal réussi dans ce sens, même si sa progéniture lointaine invoque Dieu dans des lieux et avec des langages différents. Je n'ai donc jamais, on le comprendra, senti la nécessité de fortifier mon âme juive dans un ghetto où l'on se barricaderait contre les funestes agressions de l'assimilation.

Au contraire, nous nous considérions, selon le mot de Léon Blum, comme des fils de la Révolution et de l'école républicaine. Le Collège Colonial de Blida comptait beaucoup pour moi et, par sa laïcité militante, progressiste, rationnelle, il combattait l'irrationnel néorituel, néomystique qu'il pouvait y avoir dans la famille. Bref, j'ai pleuré sur la mort de Socrate avant de pleurer sur celle de Job.

Une telle éducation a conduit ma génération, au moins une partie d'entre elle, à ne voir longtemps dans la prétendue Élection qu'une marque d'infamie — une étoile jaune — que les antisémites imposaient aux Juifs pour les séparer de l'humanité. Et si certains de nos pères psalmodiaient le vœu de « l'an prochain à Jérusalem », ils n'exprimaient qu'une espérance de vie meilleure, soit dans ce monde, soit dans l'autre, dans un avenir indéterminé. Je ne trouve pas indifférent, d'ailleurs, que les fidèles, aujourd'hui encore au sein des synagogues d'Israël, n'aient pas supprimé de leurs prières cette promesse de retrouvailles dans un an en cette Jérusalem où ils sont déjà.

En signe d'ouverture

J'ai donc pris sans le savoir, sans le vouloir, le chemin de ce que l'on appelle l'*assimilation*. En fait, ce chemin avait été bel et bien parcouru et balisé par mes parents et mes grands-parents. Ils m'avaient appris à détester tout ce qui se referme, se replie, se retire, exclut. Chez moi, dans la grande maison de l'immense famille, tout était accueil et ouverture. Sans doute, sur la porte d'entrée, il y avait une sorte de talisman religieux qui rappelait notre judéité. Mais il n'avait pas, à mes yeux, une signification de refus des autres. En fait, cette signification existait dans bien d'autres maisons que la nôtre. C'est d'ailleurs pourquoi des rabbins modernistes s'insurgent contre une pratique si païenne du sacré. Mais on va voir, avec l'anecdote suivante, comment un concept peut perdre en compréhension ce qu'il gagne en extension.

Un docteur de la Loi, récemment invité à une émission de télévision, expliquait ainsi la signification de ce petit tube (la *Mezouza*) placé à la porte d'entrée de la maison ou de la chambre des parents dans de nombreuses familles, et qui contient la parole de Dieu : « Écoute Israël, l'Éternel notre Dieu, l'Éternel est un. » On pourrait donc penser que le locataire de la maison est sommé de se présenter et de s'assumer en permanence comme juif, et que, de ce fait, il se sépare de celui qu'il reçoit.

Pas du tout ! Comme une telle interprétation pourrait avoir une signification de refus de l'étranger, et que bien des textes essentiels rappellent que le peuple juif a d'abord été un peuple d'étrangers, alors l'exégète, d'une manière qui n'était d'ailleurs pas artificielle en raison de son érudition, a souligné que la *Mezouza* exprimait le fait que Dieu se trouvait chez Lui dans cette maison. Que c'est Lui qui y recevait le locataire comme il pouvait y recevoir tous les invités, quels qu'ils fussent, y compris ceux étrangers au judaïsme. Ce symbole distinctif devrait donc en principe désigner, aux yeux des autres, des maisons et des individus chargés de les accueillir.

Ce n'est pas ce qui ressort, cependant, des études qui sont faites sur tous les rites, vestimentaires ou autres. Plus le signe de l'appartenance à la judéité est visible, mieux les militants de la foi entendent démontrer qu'il s'agit de croyants élus pour défendre les valeurs universelles. À la limite, on ferait de la calotte des uns et des papillotes des autres des équivalents des brassards qui signalent les aumôniers pendant les guerres et les secouristes après les accidents. C'est intentionnellement que je pousse la logique jusqu'à sa caricature, puisque ces signes distinctifs soulignent surtout aux yeux des autres une différence vécue comme une étrangeté.

Ghetto, aristocratie et fraternité

Dans la pratique d'ailleurs, dans la vie quotidienne, cette attitude ghettoïsante, fruit en général des persécutions, n'est nullement perçue comme une offre de fraternité. L'uniforme de l'Armée du Salut ne laisse aucune équivoque : en sont revêtus ceux qui n'ont pour objectif que l'entraide, la solidarité et la charité. Ce n'est pas le cas de ceux qui tiennent à être vus comme différents, soit pour vivre plus intensément l'appartenance tribale ou religieuse et chaude à une communauté, soit pour afficher une particularité, donc une séparation.

Autrement dit encore, dans l'interprétation la plus christianisante du judaïsme, la différence est offerte comme un signe d'aristocratie au sens ancien du mot, c'est-à-dire qu'elle désigne les meilleurs. Le différent ne doit être ni le plus fort, ni le plus mystérieux, ni le plus ambitieux : il a l'obligation d'être le meilleur. Il donne aux autres la possibilité de le lui rappeler. À propos du voile des musulmanes, le grand poète arabe Adouis a écrit des choses définitives et merveilleusement *libres*.

Souvent le Juif s'indigne parce qu'il observe, c'était un mot de la grande actrice Sarah Bernhardt, que « les autres nous voudraient meilleurs que tout le monde ». L'actrice oubliait que c'était en effet l'impossible destin du judaïsme et qu'il lui fallait en sorte ou l'assumer ou le refuser entièrement.

Nous arrivons, avec cet exemple, à un nouvel accès aux portes de la fameuse prison. En se voulant différent, en acceptant que telle ait été la volonté supposée de Dieu, en faisant le procès de ceux qui prétendraient gommer cette différence, fût-ce pour les raisons les plus nobles, le Juif se condamne à être partout le meilleur. Nous retrouvons ici cette condamnation à la sainteté qui résume selon nous l'impossible pari du judaïsme et, ce qu'il y a de plus grave, la tentation d'accepter comme légitimes les persécutions faites à l'encontre de ceux qui n'auraient pas réussi à se conduire comme des saints.

Maurras et les morts

Dans mon enfance, il était beaucoup question d'un quotidien monarchiste, l'*Action française*, et des campagnes antisémites de son directeur, Charles Maurras. Ce dernier incitait ses lecteurs à se rendre au monument aux morts de leur cité pour vérifier combien peu nombreux étaient les noms des Juifs « morts pour la patrie ».

Naturellement, c'était une imposture raciste. D'une part, parce que la proportion des Juifs français étant extrêmement faible, il ne pouvait y avoir sur tous les monuments un nombre fixe de noms les concernant : ils étaient au surplus, dans leur dispersion inégale, concentrés dans certaines provinces plutôt que dans d'autres. D'autre part, pour un doctrinaire comme Charles Maurras, il fallait au moins le sacrifice de la vie pour accéder légitimement à la francité. Cela même pouvait n'être pas suffisant. La preuve, c'est que nos généraux ont « consommé », on le sait, bien des régiments de Tirailleurs Sénégalais ou de Tabors Marocains pendant les deux guerres mondiales sans qu'aussitôt on ait cru devoir proclamer, et surtout du côté de l'extrême droite, que les Noirs et les Berbères étaient des Français à part entière.

Mais, que ce soit à l'école ou, ensuite, sous Pétain, étant environné de non-Juifs, ayant pour amis des chrétiens qui étaient, comme moi, victimes des mesures de Vichy, la spécificité de la persécution ne m'a pas été d'une écrasante évidence dès les premiers jours. C'est venu plus tard et progressivement. Assurément parce que je n'ai connu aucune des graves et atroces persécutions que les Juifs ont connues simplement parce qu'ils étaient juifs. Je n'ai pas eu non plus de parents morts dans des camps de concentration. Enfin, le fait d'avoir fait la guerre dans la division Leclerc m'a donné une autre approche.

Comme le montre le dernier film de Claude Lanzmann, *Sobibor*, il est tout à fait différent de mourir en combattant et de mourir passivement. Le combat institue une égalité. Si les ennemis gagnent, c'est au cours d'un combat. On peut se dire alors que ce n'est pas le Juif en nous qu'ils ont atteint, mais le combattant.

Une leçon patriotique

C'est la leçon que j'ai retenue de José Aboulker, fils de grands médecins juifs en Algérie, devenu lui-même un patron d'un service de neurobiologie, et qui a été Compagnon de la Libération. En 1942, je voulais m'engager, partir pour Gibraltar, et c'est lui qui m'a retenu. Il m'a dit : « Nous avons une mission ici, il y aura quelque chose à faire. » Il était informé de la proximité du débarquement américain. Je lui ai expliqué que j'étais assez pressé de me battre, ne fût-ce que pour me délivrer de notre situation qui était d'avoir été privés de la nationalité française par les autorités de Vichy. Il a ri et m'a demandé si j'étais croyant. Non. Eh bien, dans ce cas-là, ce qui compte, m'a-t-il conseillé, c'est de ne jamais faire quoi que ce soit en fonction de l'appartenance au judaïsme. « Pour ma part, je m'impose de ne rien faire qui soit conditionné par ma judéité. Dans la guerre, où nous allons nous engager ensemble, je combattrai, quant à moi, contre les nazis en tant qu'homme, en tant que Français, et bien sûr aussi en tant que Juif. Mais je ne veux séparer aucune des trois motivations. » « Si vous mourez, lui fis-je observer, on dira que vous vous êtes battu seulement pour défendre l'honneur des Juifs persécutés. » « Peut-être, mais moi seul saurai pour quoi je suis mort. »

Pas un instant, pendant cette période où j'étais privé de ma nationalité, je n'ai éprouvé le besoin de mettre en question mon appartenance à la nation française. Il me semblait tellement naturel d'être français que je ne concevais pas qu'un artifice de loi pût me dépouiller de cet ancien baptême. La façon dont je définis les liens qui m'unissent à la France est proche de celle par laquelle l'écrivain juif ukrainien Yosef Hayim Brenner, établi dès 1909 en Palestine, décrit ses liens avec le peuple juif : « Nous sommes juifs par notre vécu réel, en notre tréfonds. Sans nulle définition intellectuelle, sans axiomes absolus, sans engagements dogmatiques. [...] L'amour de notre peuple et de ses qualités morales est une chose qu'il n'est pas besoin de rappeler. Il est évident qu'il n'y a pas lieu de s'en glorifier, comme on ne se glorifie pas d'aimer la lumière du jour et le soleil. Nous sommes patriotes, patriotes fervents. Mais notre patriotisme n'est pas de ceux pour lesquels nous ferions ce que réprouverait notre conscience. » Reste que je pouvais toujours rompre avec la France alors que l'on est supposé ne jamais pouvoir le faire avec le judaïsme.

Assimilation ou émancipation ?

Il est, je le sais, de bon ton aujourd'hui de faire le procès de l'assimilation. Je ne prétends pas ici en retracer l'histoire — ce ne serait d'ailleurs ni rigoureux ni opportun pour notre propos — mais évoquer des dynamiques.

L'émancipation des Juifs par la Révolution française a rendu caduque la notion de peuple. Il n'y avait plus, dès lors, que des citoyens français, d'origine, voire de confession, juive. Tous les Juifs auraient pu dire, comme l'observe Hannah Arendt, « ce que Kafka a dit un jour au sujet de son appartenance au peuple juif : "Mon peuple, à supposer que j'en aie un" ».

L'intervention de Clermont-Tonnerre à l'Assemblée constituante, le 23 décembre 1789, résume toute la doctrine de l'assimilation telle qu'elle a longtemps triomphé en France : « Il faut tout refuser aux Juifs comme nation et tout leur accorder comme individus. Il faut méconnaître leurs juges, ils doivent avoir les nôtres ; il faut qu'ils ne fassent dans l'État ni un corps politique ni un ordre. Il faut qu'ils soient individuellement citoyens. »

Il convient de rappeler, avec Dominique Schnapper, que, jusqu'à la Révolution, les Juifs formaient un corps politique particulier : « Les communautés juives d'avant la modernité politique étaient tout à la fois religieuses et politiques. » Les Juifs furent ainsi sommés de renoncer à leur existence en tant que communauté nationale avec ses lois particulières, ses juges, ses tribunaux. Ils devaient accepter le statut de simple communauté religieuse parmi d'autres. C'est très exactement ce qu'exprime Clermont-Tonnerre qui, comme le précise Robert Badinter dans *Libres et Égaux,* « veut que l'émancipation fasse disparaître tout ce qui marque la différence des Juifs, tout ce qui les constitue en une communauté distincte des autres — en un mot, tout ce qui fait d'eux une "nation" ».

Par là même, en définissant le judaïsme comme une religion dont l'exercice relève de la sphère privée, en réduisant l'identité juive à une appartenance confessionnelle, la Constituante tranchait dans le difficile débat (qui n'en était pas encore un mais qui, en conséquence de ces exigences nouvelles, allait le devenir) concernant l'essence même de la judéité. Comme le relevait Laurent Theis : « C'était répondre autoritairement à une question en réalité insoluble : l'identité juive est-elle contenue tout entière et exclusivement dans l'appartenance confessionnelle ? »

De Dreyfus à Marc Bloch

L'affaire Dreyfus, paradoxalement, allait être le révélateur de l'assimilation des Juifs à la France. Je rappelle souvent ce que me racontait Levinas à propos de son père, qui lui disait : « Un pays qui se déchire entièrement, qui se divise pour sauver l'honneur d'un petit officier juif, c'est un pays où il faut rapidement aller. » Il y a donc deux versants. L'affaire Dreyfus suscite chez Herzl l'idée d'un État juif, mais elle suscite, chez le père de Levinas, la volonté d'y voir un lieu d'accueil privilégié. L'idée d'une intégration est alors une idée étrangère aux peuples juifs de l'Europe de l'Est. La France de cette époque prête à mettre son armée en accusation à la veille d'une guerre (celle de 1914) avait quelque chose d'exaltant. Ce à côté de quoi passent, selon moi, de bons esprits comme Zeev Sternhell, Bernard-Henri Lévy, en stigmatisant l'*idéologie française*. L'assimilation des Juifs en France sera exprimée de la manière la plus pathétique et la plus profonde par Marc Bloch dans l'*Étrange défaite*. C'est lui qui, de plus, trouvera les plus belles définitions de la France.

Et, pour commencer par la fin, je rappellerai que la majorité des Français ne s'est pas ralliée librement aux mesures qui ont été prises en leur nom par Vichy, de manière précipitée et zélée. Les travaux de Serge Klarsfeld établissent que le nombre de Français qui ont sauvé des Juifs est considérable. Pourquoi ? On compte que deux Juifs français sur trois ont été sauvés de la déportation, ce qui signifie que deux cent quarante mille auraient été sauvés. Sauver des Juifs, qu'est-ce que cela impliquait ? Que la concierge soit d'accord, que l'épicier le soit aussi. Il suffisait d'une indiscrétion, d'une fuite pour que l'opération de sauvetage échouât. Bref, pour que des dizaines et dizaines de milliers de Juifs soient sauvés, il fallait l'aide de millions de Français. Je ne crois pas qu'il y ait une fatalité antisémite en France.

Au retour des camps

Cela dit, pouvait-on demeurer dans cette attitude assimilationniste après Auschwitz ? Les réponses que l'on apportait avant le nazisme à la question « quel Juif êtes-vous ? » peuvent-elles être les mêmes après ? Il n'est pas possible de ne pas tenir compte de la Shoah. Mais il s'agit de savoir si cette rupture de la civilisation influence notre vie personnelle. Pour apprivoiser la monstrueuse absurdité de la Shoah, bien des Juifs ont eu recours soit à la foi, soit à l'appel « au retour à Sion », soit à une attitude d'ombrageuse méfiance à l'égard de la France. Je n'ai connu aucune de ces tentations.

En 1946, je découvre non pas seulement l'existence des camps, ni des camps de concentration, mais des camps d'*extermination*. Comment ? La réponse est ici importante. Je découvre l'abomination des abominations dans des livres écrits par des non-Juifs. D'abord David Rousset, Robert

Antelme, Louis Martin-Chauffier. Puis Jorge
Semprun. Si bien que je n'associe pas l'univers
concentrationnaire, la tragédie de l'extermination,
au judaïsme. Le terme de Shoah n'est d'ailleurs
pas encore en usage. Bien plus ! Lorsque enfin je
m'immergerai dans des textes aussi essentiels que
ceux de Margaret Buber Newman et de David
Grossman, et dont les auteurs sont, eux, bien
juifs, alors j'apprendrai qu'il y a peu de diffé-
rences entre un camp bolchevique et un camp
nazi, que l'on peut sortir de l'un pour être interné
dans l'autre. Et je suis mûr pour accepter que
l'on puisse les mettre sous un même vocable,
comme l'a fait Hannah Arendt, dont le concept
de *totalitarisme* évoque le bolchevisme tout
autant que le nazisme. Pour moi, il a fallu attendre les livres de Primo Levi, très tardivement dif-
fusés en France, pour comprendre comment, à la
fin des fins, on pouvait parler de manière légitime de l'unicité de la Shoah.

Comme le rappelle l'historien Jean-Pierre
Azéma, à la Libération, « personne, ou presque, ne
s'est intéressé à la "question juive". Pour les résistants, pour l'opinion, on devait s'occuper de
l'ensemble des victimes — les prisonniers, les
déportés, juifs ou non, les victimes des bombarde-

ments, les résistants torturés ou fusillés. Tous méritaient la même compassion, tous avaient la même dignité. Une partie de la communauté juive adhérait à ce point de vue. Elle ne souhaitait pas se distinguer des autres victimes. On ne l'avait que trop distinguée dans la période précédente. Et surtout, en dehors de la communauté juive, peu de gens avaient compris la singularité philosophique et factuelle de l'extermination. C'est seulement après le procès d'Eichmann à Jérusalem en 1961 et à la fin des années 1970 que l'on a commencé, avec des travaux d'importance, à revoir Vichy à travers le prisme de la persécution des Juifs ».

Au retour des camps, les déportés ne désirent pas parler. Certes, comme me l'a personnellement confié Simone Veil, ce silence était des plus lourds. Libérée par les Anglais en avril 1945 après avoir passé treize mois à Birkenau puis à Bergen-Belsen, alors qu'elle n'avait pas encore dix-huit ans, elle doit se résigner, dit-elle, au mutisme. « Dès que nous sommes rentrés, nous avons cherché à parler, à nous exprimer », mais ces mots, personne ne veut alors véritablement les entendre. « Indifférence » ? « Complot du silence » ? « Mépris de ce que nous disions » ? « Gêne extraordinaire » ? Un « mélange de tout cela », conclut-elle.

Mais il y a aussi le cas extraordinaire de Claude Lévi-Strauss. Tout récemment (en juin 2003), l'auteur de *Tristes Tropiques* m'a fait confidence de la désarmante candeur qui avait inspiré ses prévisions après le retour des déportés. Il n'en revient pas lui-même, mais il m'a révélé qu'il avait pensé qu'après le génocide il n'y aurait pratiquement plus de problème juif. S'il en croyait ses propres sentiments et ceux de ses proches, un groupe de familles juives parfaitement intégrées (ou assimilées, comme on voudra), les Juifs n'allaient avoir qu'une seule inclination, qui était de se refondre dans la communauté dont les barbares les avaient dissociés. Mon erreur est très révélatrice, disait-il, de mon ignorance d'un désir d'affirmation juive, mais peut-être ce désir eût-il été moins intense sans la naissance de l'État d'Israël.

L'exemple de Jorge Semprun

La période de la prise de conscience, de la prise en charge des camps de concentration est donc venue bien après la Libération, bien après la fin des camps, et il est vrai que la façon dont elle s'est développée m'a vivement alerté. Je comprenais la volonté des Juifs de dire : « Puisque nous avons été persécutés, exterminés pour ce que nous sommes, il faut donc être encore davantage ce que l'on croit que nous sommes. » Mais cela me heurtait.

Daniel Bernstein, qui, à la Libération, obtiendra l'autorisation de publier une revue, *Caliban*, dont je serai finalement le directeur, défendra une autre position. Il avait fait la guerre comme résistant dans le fameux réseau britannique « Buckmaster ». Tous les membres de ce réseau furent arrêtés, mais seul Bernstein fut envoyé à Buchenwald. Quand il rentra, il fut décoré. Les organisations juives tentèrent alors de l'intégrer dans leurs rangs, mais il s'y refusa. J'étais bien jeune à l'époque et je lui disais mon admiration pour ce qu'il avait fait. Je l'interrogeais sur sa décision de ne pas rejoindre les organisations juives : « Je ne tiens pas à être séparé une seconde fois de mes frères en résistance. On m'y a contraint et je n'y pouvais rien. Mais si, moi, je choisissais de les imiter, je renierais mes raisons de combattre. » Et il ne fit jamais partie que des amicales laïques de résistants et de déportés.

À l'*Observateur*, dans les débuts, il y avait une femme, Irène Allier, fille d'un grand résistant juif, Georges Altman. Elle aimait à rappeler une parole de son père. Chaque fois qu'on lui parlait d'un retour à la synagogue, d'une appartenance à la communauté, d'une défense au nom des Juifs, il disait : « Hitler n'a pas gagné la guerre ! Pourquoi voulez-vous que j'en vienne, par bravade, à me conformer à l'idée qu'Hitler se faisait de nous ? Ce n'est pas au nom de l'affirmation juive que nous avons combattu le nazisme. »

Je me souviens aussi d'une scène qui s'était déroulée au *Nouvel Observateur*. Jorge Semprun était venu, à notre invite, commenter son dernier livre *Les Beaux Dimanches* que nous admirions tous. Mais ensuite, au cours du débat, il n'avait pas exclu l'idée que les camps de concentration staniliens puissent avoir été aussi horribles et aussi meurtriers que les camps hitlériens. Malgré l'autorité, fondée sur l'expérience qu'on lui reconnaissait pour le dire, Semprun avait troublé notre petite collectivité. Il y avait les politiques pour lesquels l'identité des camps risquait de conduire à l'équivalence des régimes. Or, si antistaliniens fussent-ils, ceux-là refusaient les retombées idéologiques d'une telle affirmation. D'autres avançaient

75

que l'hitlérisme avait été conçu comme une doctrine de la suprématie raciale et comme un impérialisme ethnique, tandis que le communisme, y compris sous sa forme stalinienne, s'inscrivait dans la tradition des grands rêves égalitaires de l'humanité. Mais la plus malheureuse d'entre nous était une jeune sociologue juive dont les parents avaient été exterminés par les nazis et qui redoutait que les propos d'un homme aussi indiscutable que Semprun ne fussent instrumentalisés pour conforter la thèse de la banalité du mal.

Ainsi, la préparation, l'organisation, la réalisation de la monstruosité nazie auraient des équivalences ? Ainsi, la volonté d'exterminer un peuple, pas n'importe lequel, le peuple juif, en raison de sa différence, c'est-à-dire de son origine, de son histoire et de sa mission, cette volonté pourrait se comparer à d'autres ? Telles étaient assurément les questions qui faisaient souffrir notre amie.

Libération sartrienne

Loin donc de l'Élection, coupé de mes sources juives depuis la mort de mon père, et ne conservant des rites que ce qui évoquait l'enfance, je devins, tout naturellement, un Juif défini par l'antisémitisme. Et lorsque Sartre publia ses *Réflexions sur la question juive*, j'eus l'impression qu'il les avait écrites pour moi. Les thèses de ce livre sont aujourd'hui considérées comme une simplification indigne et parfois même suspecte. Or, s'il se peut qu'elles n'épuisent pas ce qui définit la judéité dans ses origines et ses horizons, c'est un fait que les thèses défendues dans cet essai auront délivré toute une génération de Juifs.

Sur le moment, notre lecture de Sartre est une lecture de soulagement. Pourquoi Sartre délivre-t-il ? D'abord, s'il délivre, c'est qu'il y a bien des chaînes. Il libère de l'enfermement dans une prison dont les barreaux sont constitués par le décret d'une fatalité d'héritage et de comportement. Selon cette fatalité, on ne peut pas ne pas être juif quand on l'est ou quand on l'a été, ou quand nos parents et les parents de nos parents l'ont été. S'impose alors l'idée que, dès que l'on vient au monde comme juif, on a beau se débattre, on n'arrivera jamais à se libérer ou à conquérir l'innocence de la liberté. La liberté n'est plus innocente. Or Sartre soutient que la judéité, ce n'est rien d'autre que le produit du regard de l'antisémite. En effet, sans ce regard de l'autre, le

Juif ne se sentirait pas juif et ne se soucierait pas de l'être. La prison n'est plus construite par Dieu, fût-ce comme un bienfait. Elle est construite par l'ennemi. Il n'y a plus de barreaux à chérir ni de chaînes à bénir.

L'interprétation de Sartre donne soudain à l'antisémite une importance considérable. Il n'y a pas d'être chez le Juif. L'être est dans le bourreau. Il est dans le regard. Au Juif, est réservé une sorte de creux, sinon d'inexistence. D'où la réaction, devant ce vertige du néant, de certains Juifs qui rappellent qu'ils existent en dehors de ce regard. Les premières réactions qui accusent Sartre de vider le judaïsme de toute sa positivité, de tout son contenu, de toute sa richesse, constituent, surtout depuis la Shoah, une preuve supplémentaire de mon interprétation : les Juifs ne se voient pas d'univers hors de leur prison.

De Mendès France à Ben Gourion

Ainsi, quand je prends connaissance de l'essai de Sartre, ce sentiment de délivrance vis-à-vis de moi-même m'incite à la liberté, autrement dit au choix, à un engagement politique et à des actes qui vont me suivre. À partir de cette délivrance naît un individu qui est dégagé du groupe, d'une communauté, d'une race. À partir du moment où l'identité est réduite au regard de l'ennemi, il y a tout d'un coup un ennemi qui vous rend libre. Il y a dans la conception sartrienne — et c'est la raison pour laquelle j'en suis l'un des derniers défenseurs, contre lui-même puisque Benny Lévy lui a fait corriger, renier, ses propos dans ses derniers moments — l'idée que l'ennemi est tellement créateur de la prison qu'il n'y a qu'à s'insurger contre lui pour en sortir (avec *Les Damnés de la terre*, Sartre va plus loin encore...). Et, à ce moment-là, Sartre donne au Juif la définition de sa liberté. Sartre définit en creux l'idée de prison juive, et il ouvre la prison. Tout le monde va la refermer ensuite, mais c'est grâce à lui que je découvre la prison en même temps que la possibilité de s'en évader.

J'évoquerai Pierre Mendès France qui, à la question « En quoi consiste votre judaïsme ? », répondait : « Je suis né juif, les antisémites me considèrent comme juif et mes enfants savent qu'ils sont juifs. » Ces propos sont édifiants en ce qu'ils confirment la pertinence de l'intuition sartrienne mais aussi en ce qu'ils soulignent que l'on peut en tirer un choix. Que dit, en somme, Mendès France ? « Je suis né juif, mais je ne vais pas dire pour vous séduire — c'était une revue juive qui l'interviewait — que mon judaïsme est davantage qu'un héritage. Je suis étiqueté par le regard des autres. En même temps, il est vrai que ce regard est transmis puisque mes enfants savent qu'ils sont juifs sans que cela leur apporte une foi ni une pratique. »

Bien plus, pour lui comme pour moi, et pour tant d'autres, cette condition de naissance n'impliquait pas le regroupement en Terre promise consacré, à partir de 1948, par l'existence de l'État hébreu.

Sur ce chemin, on ne peut en effet éviter de rencontrer aussi Israël et son épopée mystico-temporelle. Un pays, une nation, un État, un peuple tout entiers fondés sur le Livre. Et quel Livre ! La première fois que j'ai rencontré Ben Gourion, comme il me parlait de Spinoza qu'il aimait malgré tout, je lui ai demandé s'il croyait en Dieu. Non seulement la question ne l'a pas choqué, mais il m'a répondu qu'elle n'était pas « israélienne ». À lui, l'un des fondateurs de l'État hébreu, Premier ministre au moment où je lui posais cette question, il suffisait de « croire au Livre ».

Il l'avait sur sa table, le Livre. Et il disait qu'il s'en servait pour tout et n'importe quoi. On pouvait donc séparer la religion de la Révélation ? Comment accorder une telle importance à un texte si rien de transcendant ne le fonde ? Ben Gourion répondait qu'il ne s'agissait pas de refuser la transcendance derrière le texte mais d'éviter de la définir. En tout cas, il y avait un Livre contenant le principe premier de l'humain et du monde. Cela suffisait à fonder un État et un destin. L'entretien, hélas, ne s'est pas poursuivi.

Mais, pour le fameux Livre, il est vrai qu'il contient tout, c'est-à-dire, également, de l'histoire tout humaine, avec des violences, des crimes, des guerres. Des récits où le peuple élu se voit obligé, pour survivre comme instrument de la volonté divine, d'infliger à ses ennemis — et avec l'aide de Dieu — les pires calamités. Les dix plaies d'Égypte, sont-ce là les œuvres des héros et des saints ? Quand Israël prévient une agression, gagne sa guerre, occupe des territoires pour prévenir une autre agression, puis refuse la restitution de ces territoires en invoquant la Bible et le fait que, dans le Livre, les territoires occupés ont noms « Judée » et « Samarie », ce qui est vrai, dans ce cas, comment se comporte l'État hébreu ? Comme n'importe quel État ? Comme le territoire où se rassemble pour une pause, après des siècles d'errance et de souffrances, le peuple élu ? Peut-il prétendre aux deux comportements à la fois, et dans ce cas, réclamer des autres deux sortes de compréhension ou de solidarité ?

Ce n'est pas seulement ici la fameuse ambiguïté mystique du destin juif, l'identique et le différent, le particulier et l'universel, l'errance et l'enracinement. C'est ici tout le problème du Mal qui est posé. Celui de la violence. S'il est des problèmes qu'un peuple élu se doit de résoudre, n'est-ce pas d'abord ceux-là ?

La justification de la présence israélienne en Palestine est d'abord dans la transcendance évoquée dans le Livre ; ensuite dans le souvenir du territoire où s'est déployée l'épopée de ce Livre ; enfin dans la confirmation de l'Élection par l'une des manifestations les plus atroces et les plus apocalyptiques de la colère divine, lors du génocide. Mais alors on ne peut plus, et cela d'un point de vue fidèlement judaïque, je dirais même à l'intérieur de son orthodoxie la plus rigoureuse, éviter la question de la légitimité des méthodes de combat utilisées par Israël.

La république
et le communautarisme

Reprenons le fil du récit. Lorsque, en cette année 1967, de Gaulle a qualifié les Juifs de « peuple d'élite, sûr de lui-même et dominateur », je n'ai pas réagi de la même façon qu'un Raymond Aron, par exemple. Ce qui heurte alors les nombreux Juifs qui, comme moi, se sont engagés à ses côtés, c'est l'emploi du terme « peuple » au singulier. Pour des hommes comme Joseph Kessel, Romain Gary, Georges Boris et Léo Hamon, qui l'ont rejoint très tôt après l'appel du 18 juin, le peuple auquel ils pensent appartenir, c'est le peuple français. Que de Gaulle distingue entre ses compagnons, voilà ce qui les a choqués et ce qui m'a choqué. Je trouvais que de Gaulle n'avait pas le droit, lui qui avait été entouré de Juifs français dans la Résistance, d'enfermer les Juifs français dans une appartenance inconditionnelle à l'État d'Israël.

C'était le legs révolutionnaire qu'il semblait remettre en question. Après Vichy, malgré Vichy, et contre tous ceux des Juifs qui commençaient à contester le modèle français d'assimilation, nous tenions notre appartenance à la nation française pour première, incontestable et irréversible. En bons héritiers de la Révolution, une conception nationale ou politique du « peuple juif » nous était absolument étrangère. Même si, à l'évidence, dans la sphère privée, on pouvait choisir de demeurer fidèle au judaïsme.

C'était admettre une fêlure au sein de la République au moment même où l'arrivée des Séfarades d'Afrique du Nord, marqués d'une piété multiséculaire mais aussi d'une inquiétude grégaire, allait précipiter le sentiment communautaire. Un sentiment qui n'a fait que croître depuis et dans lequel je ne saurais me reconnaître.

Altérités

Dès lors, un retour à la foi, selon un mouvement auquel j'assistais autour de moi, ne s'imposait-il pas ? Non. Je dois préciser que, en tant qu'anticolonialiste militant — c'est la voie par laquelle je suis entré en politique —, j'ai été mis très vite en contact avec l'islam. Et comme réhabiliter l'islam, c'était au fond contribuer à la décolonisation, j'ai connu la tentation, souvent décrite par les ethnologues, d'en épouser les valeurs, les croyances. J'ai été blessé à Bizerte et j'ai partagé la vie du peuple tunisien. Souvenir intense de tendresse. Mais je restais extérieur à sa foi. J'ai eu en Algérie et au Maroc des liens d'affection qui devaient laisser en moi des traces. Pour poursuivre sur le terrain de la religion, je dois observer qu'à partir du moment où l'Église catholique a opéré son *aggiornamento*, c'est-à-dire à partir de Jean XXIII, au moment de l'abandon de l'antijudaïsme, et ensuite de la Repentance, je me suis senti libéré pour admirer ce que j'avais toujours admiré secrètement, à savoir l'aventure christique. J'utilise à dessein le terme d'« aventure », car il n'y a pas de foi. Mais je me suis beaucoup documenté sur le Ier siècle, qui, à mes yeux, est l'un des moments les plus passionnants de l'Histoire. Des prophètes ne cessent de surgir, et il n'y en a qu'un qui émerge — selon l'analyse de Renan dans sa *Vie de Jésus* —, c'est le Christ.

Dans mon enfance, je n'avais rencontré ce héros ni sur le visage du curé de notre église, ni sur la face des paroissiens qui se précipitaient dans les pâtisseries le dimanche à midi au sortir de la messe et qui exprimaient le rejet, l'exclusion, la fermeture, la peur et le mépris. Les chrétiens étaient pour nous des officiers antisémites, et leurs femmes, des petites bourgeoises snobs. Je ne me souviens pas d'avoir ressenti fût-ce le frisson d'une spiritualité quelconque dans ce milieu. En revanche, nous avions un professeur d'histoire et de géographie qui, toutes les semaines, nous initiait à un grand peintre. Et, lorsqu'il s'agissait de scènes de Passion ou d'Ascension, il trouvait, pour faire l'éloge des créateurs, des mots dont je puis dire qu'ils parlaient à notre âme. C'est ainsi, grâce à un laïc très anticlérical et Secrétaire de la section socialiste, que j'ai ressenti le premier émoi devant le visage du Christ ou de la Vierge. Je me souviens d'un tableau, *Sainte Anne et l'Annonciation* de Léonard de Vinci qui m'avait d'autant plus frappé que la mère de la Vierge, celle dont on n'ose guère dire qu'elle est la grand-mère du Christ, avait une coiffe et un visage qui me rappelaient un portrait de ma propre grand-mère que nous avions l'habitude de voir sur un tableau, dans la chambre de nos parents. Léonard fait parcourir tous les degrés et toutes les émotions de la protection maternelle. Sainte Anne protégeait Marie, qui protégeait le Christ. Je n'avais jamais ressenti à ce point la singularité chaude et instinctive de l'offrande maternelle. Or il se trouve que, quelques années après, un ami dont je partageais le bureau en classe de première — Jean Pelégri — m'a fait lire un poème de Paul Claudel, *La Vierge à midi*.

« Il est midi. Je vois l'église ouverte. Il faut entrer.
Mère de Jésus-Christ, je ne viens pas prier.
Je n'ai rien à offrir et rien à demander.
Je viens seulement, Mère, pour vous regarder.
Vous regarder, pleurer de bonheur, savoir cela
Que je suis votre fils et que vous êtes là.
Rien que pour un moment pendant que tout s'arrête.
Midi !
Être avec vous, Marie, en ce lieu où vous êtes.
Ne rien dire, regarder votre visage,
Laisser le cœur chanter dans son propre langage.
Ne rien dire, mais seulement chanter parce qu'on a le cœur trop plein,
Comme le merle qui suit son idée en ces espaces de couplets soudains. »

Je n'avais nulle conscience alors qu'un tel poème exprimant de tels sentiments pût me séparer des miens, et même de ce qu'il y avait de meilleur chez eux. Il me semblait que je disais moi-même à ma grand-mère, c'est-à-dire à Anne, épouse supposée de Joachim et mère de Marie, que je ne venais la voir que pour la regarder.

Anne, mère de la mère de Jésus-Christ que Léonard a sublimée comme emblématique, archétypique, quintessence incarnée de la compassion protectrice. J'ai passé outre. Mais ce souvenir a laissé des traces en moi. Il m'a donné l'idée qu'il fallait chercher de ce côté-là pour saisir l'expression fidèle de ma famille juive.

Comme on le voit, dans le chef-d'œuvre de Léonard, le futur Christ, le bébé Jésus ne m'intéressait alors nullement. Il est d'ailleurs toujours plus ou moins ridicule dans les plus grands chefs-d'œuvre des tableaux italiens ou flamands que je vénère. Je ne sache pas qu'un peintre se soit attaché à lui donner une autre personnalité que celle d'une poupée niaise, mais, certes, protégée, archiprotégée par la mère, la grand-mère, les saints, les évangélistes, les adorateurs. Il faut regarder tout le monde pour voir ce que le bébé va devenir et qu'il n'est pas encore... loin de là. En cette période de communautarismes, j'ai conscience de blasphémer, mais cela me sauve d'être trop proche des chrétiens dans le présent essai car, lorsque j'en viendrai aux cathédrales, alors je n'en n'aurai pas fini d'être bouleversé et je rêverai des cloîtres et de tous les déambulatoires où on peut se recueillir pour être soi-même tandis que veillent les grands-mères.

Reste que Jésus allait dire beaucoup de choses pour sortir de la prison de son père et de ses ancêtres, et de sa descendance, et de sa filiation. Il allait augmenter le nombre des élus, mais il allait leur demander un peu plus et, par exemple, de tendre l'autre joue lorsqu'ils auraient été giflés. Autre servitude. Autre prison. Autre condamnation à la sainteté. Mais, en mourant sur la Croix, il va condamner d'abord les gens à la souffrance. Avant de les sauver, il va leur indiquer le chemin du calvaire. Tous ces Juifs sont pécheurs, comme avant le Déluge, comme avant les destructions des temples, comme avant la déportation à Babylone. Mais où était le Christ, petit-fils de sainte Anne tandis que sa grand-mère mourait dans les camps de concentration ? Où était Marie au temps d'Auschwitz ? Je l'ai dit dans mon introduction. Que nous importe, s'il faut souffrir, que Dieu et son fils souffrent comme nous ! Mais revenons à notre chère prison.

Le cas Rodinson

Il y a un homme qui m'a toujours intéressé, quelquefois exaspéré, parfois fasciné, c'est l'islamologue, l'arabisant, l'orientaliste Maxime

Rodinson. Voilà quelqu'un qui est juif, dont les parents étaient des Juifs communistes — il a donc été élevé comme un athée — qui sont morts en déportation. Il est un des animateurs, avec Jean-Pierre Vernant et d'autres, de l'Union rationaliste. C'est un érudit, un spécialiste de toutes les langues orientales. Il niera de manière catégorique qu'il y ait une spécificité juive. Pour lui, il n'y a pas de nature juive mais seulement une culture néfaste, perverse. L'orientaliste qu'il est, l'érudit qu'il est, peut prouver à chaque moment qu'il n'y a pas de *mystère* juif. Il y a eu des civilisations qui sont mortes et qui sont revenues, il y a eu des peuples qui ont été long-temps persécutés. Ce peuple-là n'a *miraculeuse-ment* survécu que parce qu'il a été prolongé par le christianisme. Rodinson irait jusqu'à dire que, sans le christianisme, le judaïsme se serait effondré comme tant d'autres idéologies. Il pousse la raison historique jusqu'à sa logique extrême.

Mais on voit très bien que deux choses le conduisent à une telle conclusion. La première, c'est qu'il a une expérience d'érudit ; la seconde, c'est que le marxisme est resté présent dans son œuvre même après son rejet du communisme.

Cet anthropologue et linguiste m'en a toujours imposé par la discrétion de sa vaste science et par le courage tranquille avec lequel il a écrit sa vie de « Mahomet », un grand classique. Cet homme m'a toujours fait réfléchir parce que je trouvais assez déconcertant qu'il n'ait pas accordé à la mort de ses parents cette dimension d'incompréhension qui fait le scandale et la douleur. Il s'est dit que ses parents avaient été victimes d'une simple barbarie comme les autres. Il y a là plus qu'une banalisation, il y a une normalisation historique de la souffrance et, en l'occurrence, de l'univers concentrationnaire. Il n'y aurait qu'une question de degré dans l'horreur, selon les époques. La preuve en est, observe-t-il, que les Juifs eux-mêmes vous parlent de Babylone, du premier Temple, de Massada. Il y a toujours des précédents.

Je lui fais remarquer que ses parents sont morts à Auschwitz et qu'ils ont été arrêtés comme juifs. Il répond : « Non, ils ont été arrêtés comme communistes. » Quand on lui rappelle qu'à Auschwitz étaient déportés essentiellement les Juifs, il rétorque que c'est une question de hasard. À ses yeux, la volonté qu'a eue la culture juive de s'affirmer, de se constituer en civilisation à part, a assuré la pérennité de ce peuple mais a suscité en même temps le rejet. Il impute une part de responsabilité aux Juifs eux-mêmes dans le sort qui leur a été réservé. C'est l'opposé de Sartre. La question essentielle est de savoir si, lorsque les Juifs disent qu'ils ne sont pas des hommes comme les autres, ce sont les autres qui les rendent différents ou si ce sont eux qui veulent être différents et qui tiennent telle-ment à cette différence qu'ils provoquent soit des éloignements, des séparations, soit des persécu-tions. C'est dans ce va-et-vient que Rodinson prend parti en disant qu'il n'y a aucune raison de déclarer, au nom de l'Histoire, que ce peuple a un destin particulier. Cette position ne m'a jamais satisfait.

Dissidence

Faut-il, dès lors, classer Rodinson, à son corps défendant, parmi les dissidents ? J'appelle dissidence juive cette tradition ou lignée qui va de Flavius Josèphe à Kreisky en passant par Spinoza, Heinrich Heine, Simone Weil, Henri Bergson, Hannah Arendt, Edith Stein, Edmond

Husserl. Laissons aux fanatiques le soin de les baptiser renégats. Laissons aux maximalistes le recours de voir en eux la plus banale manifestation d'une tradition bien juive. Cette dernière interprétation, on l'a vu, est très répandue chez les créateurs de systèmes ; elle consiste à interpréter surtout le refus. Si vous n'êtes pas malade, la psychanalyse dira que vous faites une névrose de santé. Ainsi le Juif orthodoxe, et historien, verra-t-il dans le refus d'accepter le concept d'Élection, par exemple, la preuve même d'une appartenance indiscutable et profonde au peuple élu. C'est ce qui est arrivé à Spinoza au XVIIᵉ siècle.

Je me suis intéressé à un livre d'Alain Minc sur Spinoza parce que l'auteur s'est servi de son héros pour chercher ce que pouvait devenir un Juif sans le judaïsme assumé et surtout sans la croyance. J'ai alors lu et relu Spinoza. Avec difficulté. Avec passion. Et j'en suis arrivé à la conclusion que Spinoza n'était pas un « mauvais Juif ». Simplement, il n'était pas juif du tout. Il fallait recourir à une conception récupératrice de la marginalité pour faire de lui un bon Juif aux yeux des geôliers de la prison. Le mauvais Juif, le marginal — celui qui vit en dehors des institutions, qui ne se comporte pas par référence à la judéité —, fait encore partie du judaïsme, il est une composante essentielle du judaïsme. Je me suis senti concerné. Chez Spinoza, Minc ne se souciait-il pas seulement de récupérer le Juif ? Si l'on réussit à voir, dans la distance à l'égard du judaïsme, une composante du judaïsme, alors on montre que les barreaux de la prison peuvent être invisibles.

Qu'on me permette d'appeler ces Juifs de la marginalité des dissidents. Ce qui est d'ailleurs, à ma manière, une façon de manifester ma solidarité avec eux. Car un dissident n'est ni indifférent ni étranger à l'orthodoxie. Il s'en sépare mais il s'y réfère, et sa dissidence aurait peu de sens sans la référence orthodoxe qu'il conteste.

Or, comme Spinoza, je n'arrive pas à croire vraiment, complètement, que le peuple juif, malgré le miracle de sa pérennité, soit l'unique témoin de l'humanité, ainsi que le seul instrument de la divinité. Et quand, d'aventure, entraîné par le lyrisme des grands textes juifs ou chrétiens, d'Isaïe à Claudel, de Maimonide à saint Jean de la Croix, je me laisse persuader que le rôle du peuple juif est à la fois prédestiné et privilégié, je n'accepte pas qu'il soit seul à l'être, et je refuse surtout qu'il se comporte comme si, sous le prétexte qu'on le persécute quoi qu'il fasse, il pouvait s'abandonner à faire ce que bon lui semble, en bien comme en mal. Comme si, au nom de son élection — ou de sa malédiction —, il pouvait s'octroyer une morale différente de celle des autres.

Aussi, au sein de la prison juive, est-ce bien l'Élection qui se rencontre en premier.

II

L'ÉLECTION

« Fais-moi, ô Dieu, seulement deux faveurs :
Écarte ta main qui pèse sur moi
Et ne m'épouvante plus par ta terreur. »

Job XIII, 19-21.

Singularité et universalité

Donc je ne suis et ne me veux ni théologien ni historien des religions. Je ne connais que peu de latin, guère plus de grec et rien de l'hébreu. Ma méditation se veut avant tout celle d'un témoin, d'un homme qui a pris part à l'Histoire, aux événements de son temps, et qui s'interroge, non pas sur le degré de fidélité dont les croyants — en l'occurrence les Juifs — font, ou non, preuve à l'égard des textes sacrés, mais sur la façon dont ils vivent la religion. Et notamment, question primordiale car tout en dépend : comment le peuple élu vit-il son Élection ?

Mon dessein est de démontrer que cette Élection apparaît rapidement comme impossible à vivre, sauf à en faire l'envers de la malédiction. J'ai d'ailleurs observé, au fil de mes lectures, que cette notion embarrasse les penseurs juifs eux-mêmes qui n'ont de cesse, et de façon presque obsessionnelle, de la redéfinir. Pourquoi, quand, comment un individu, un groupe, un peuple, en viennent-ils à se croire « élus » ? D'où vient l'idée et l'expression de « peuple élu » ? Les chercheurs, qui sont souvent des Juifs éminents, n'ont de cesse de « revisiter » la notion. Peu nombreux sont ceux qui disent : « Il en va ainsi. » L'Élection, affirment-ils, n'est pas ce que vous croyez. Au point qu'on ne sait plus ce que c'est. L'Élection ce n'est pas l'Élection, et chacun en donne une définition d'une fade générosité qui finit par vider de son contenu la spécificité du message judaïque.

Les plus théologiens parmi eux tendent, inlassablement, à prouver qu'il ne s'agit aucunement d'un privilège mais d'un « joug », aucunement d'une prérogative mais d'une responsabilité que le monde entier reçoit en partage. Comment les Juifs, et après eux tous les peuples qui se croiront élus, réinterprètent les multiples acceptions d'un message si ambigu ? Comment s'accommoder d'une injonction qui dépasse les possibilités de l'homme qui vit dans la cité ?

On peut sans doute répondre que les commandements, les injonctions, les assignations et les messages fixent, dans toutes les morales et dans toutes les religions, des idéaux dont on ne préjuge pas qu'ils seront facilement atteints ni même qu'ils seront jamais atteints. On peut, en effet, dès l'abord, tenir compte de cette objection et concéder qu'il y a un souci divin de créer une tension, un élan vers des idéaux. Cela est d'autant plus vrai que l'idée de *perfectionnement* est souvent préférée, dans ces morales et dans ces religions, à l'idée de *perfection.* La perfection serait divine, et la faculté de se perfectionner, humaine.

Mais on ne dit pas encore, et pour autant, que, dans cette tension et dans cet élan vers des idéaux, proclamés comme tels, il y a des peuples

qui ont des rôles à jouer et qu'ils seraient privilégiés. Sur ce point, il faut s'attarder, nous allons le
faire, sur les problèmes que l'Alliance et l'Élection
ont posés à tous les penseurs épris d'universalité.
Si la mission est donnée au monde entier, alors
tout le monde est juif, et Israël devient le nom
symbolique de la nation planétaire en formation,
et en chemin vers la sainteté. En tout cas, pendant
le temps que cette nation se perfectionne, elle
deviendrait juive. On pourrait dire que la judaïsa-
tion de chaque être au monde s'apparente à un
élan vers un Dieu juste et clément. Aussitôt
l'ombre de saint Paul guette le judaïsme et dissout
sa singularité. Comment s'en sortir pour être éternellement unique, éternellement universel ? C'est
l'objet de ce livre.

Recours à l'Écriture

Dans la Bible, plusieurs versets du Deutéronome soulignent l'importance du privilège accordé
à Israël. D'où la reconnaissance bouleversée de ce
peuple devant l'honneur qui lui est fait. Dieu
choisit d'*aimer* un petit peuple — « non imposant » —, le plus petit des peuples, et il choisit de

le choisir. Mais Israël, ainsi choisi pour des raisons qu'il ignore, ne doit surtout pas s'enorgueillir d'avoir été choisi. Il a bénéficié malgré lui d'un amour presque fortuit, en tout cas arbitraire, une grâce en somme, il doit donc être empli de gratitude. C'est de cette gratitude que découlera l'obéissance aux lois divines. Dieu crée une relation spécifique et unique avec son Élu. Le Créateur, d'abord déçu par sa création, crée soudain un peuple et Il épouse sa créature. Mais il faut, pour que Dieu puisse s'aimer dans son peuple, qu'Il n'ait surtout pas à regretter son amour. Il faut que l'Alliance ne soit pas avilie ou trahie par le comportement de l'Allié.

À partir de ce moment, tout se passe comme si le fait de condamner Israël à une adoration permanente rendait tous les péchés de ce peuple plus graves que ceux de tous les autres. Ces péchés témoignent en effet d'une méconnaissance, et au moins d'une sous-estimation des Épousailles que Dieu a choisies de célébrer, et constituent l'impardonnable offense des obligés. Israël n'est pas libre d'être ingrat. En l'aimant, Dieu le prive de sa liberté.

Il est vrai que les auteurs du Deutéronome apportent sans cesse des corrections, parfois elles-mêmes contradictoires, aux plus belles interprétations qu'ils ont auparavant suggérées. Comme les lois de Dieu sont universelles, qu'elles concernent l'humanité entière, alors à l'amour de Dieu s'ajoute une forme de liberté qui permet d'accomplir, bien ou mal, la mission reçue de vérité et de prophétie. On trouve, plus tard dans la littérature prophétique née du premier exil, dans Isaïe particulièrement, l'idée que, du fait — ou à cause ? — de l'immense difficulté qu'il y a de répondre à l'intense amour de Dieu, en obéissant à ses commandements, Israël pourrait être, selon le mot de Léopold Senghor, un « peuple souffrant » pour toutes les nations. Déjà, dans le Pentateuque, les auteurs du Lévitique ont souligné que Dieu, source et protecteur de l'Alliance, ne peut retirer son amour, même après avoir sanctionné ceux qu'Il a élus. Enfin, des rabbins citent l'Exode pour montrer que « l'élection d'Israël est fondée sur son acceptation libre et volontaire de la Torah au Sinaï ». C'est à partir de ce moment d'acceptation que l'on pourrait dire qu'Israël choisit une servitude volontaire et renonce à son ancienne liberté. C'est lui, Israël, qui aurait décidé de construire la prison dont l'idée lui est offerte et dans laquelle il va de lui-même s'incarcérer. Et cela, pour toujours, car, comme le dira Leo Strauss, « la permanence du judaïsme témoigne qu'il n'y aura jamais de Rédemption ».

Le choix de la servitude

Ici intervient une interprétation, audacieuse en soi, importante pour mon propos. Car ceux que l'on nomme les « rabbins » — les commentateurs talmudiques de la Loi non écrite qui permet d'interpréter la Loi écrite — vont jusqu'à envisager que la Torah ait pu être librement offerte en premier lieu à toutes les nations du monde. Non pas à un peuple qui eût été élu dès l'abord, mais à tous les peuples. Toutes ces nations auraient refusé en raison de l'« extrême sévérité » de son règlement, lequel agressait leur mode de vie. Seul Israël se serait porté volontaire. Il aurait donc participé à sa propre Élection.

Affirmation audacieuse en ce qu'elle évoque l'éventualité d'un véritable soulagement héroïque dans les chemins de l'ascèse et de la

105

sainteté. Israël va décider de vivre selon la Loi et de remplir donc la mission terrible qu'elle contient. Le choix de Dieu serait alors le fruit de la récompense du mérite d'un peuple et le constat de la lâcheté de tous les autres qui deviennent, de ce fait, à ses yeux, inférieurs. Ce n'est plus une Élection décidée en Dieu, c'est un libre apostolat choisi par un peuple différent des autres. Lequel peuple aurait été digne d'être aimé de Dieu et choisi par Lui, avant que Dieu ne le distingue — et même ne le crée — entre toutes les nations.

On pourra sans doute, je le ferai plus loin, se demander si ce peuple n'a pas présumé de ses forces en prenant des engagements qu'il va être contraint de trahir à chaque moment. Il reste que cette hypothèse ne diminue en rien, au contraire, l'emprisonnement. Israël se choisit avec liberté un destin auquel lui et les descendants de ses descendants ne pourront plus jamais échapper. On le rappellera sans cesse, on ne peut qu'être rattrapé par son destin. La liberté originelle disparaîtra dans les sables de l'oubli. Dans la mesure où elle devient mémoire contraignante de cet exercice, elle s'associe aux pesanteurs accumulées du passé. Cette liberté ne devient plus que l'histoire d'un destin et le rappel du privilège de la servitude.

Un amour infini et impitoyable

Cette interprétation souligne avec force que seule l'obéissance absolue à la Loi fait d'Israël un peuple singulier, unique et irremplaçable qui peut donc, à bon droit, se considérer comme choisi — l'expression anglaise *chosen people* traduit mieux la fidélité aux intentions divines, disent les érudits, que « peuple élu ». Que le peuple ait été choisi ou qu'il se soit montré digne de l'être, il reste que l'Alliance fut conclue avec lui, sanctifiée par les cérémonies rituelles du sacrifice, incluant la circoncision d'Abraham à quatre-vingt-dix-neuf ans, d'Ismaël à douze ans et d'Isaac à dix jours.

Quoique lui-même en rupture avec la synagogue, Spinoza ne manquera pas de souligner le caractère quasiment absolu de la transmission d'un signe irréversible, imprimé dans la chair, et symbole de la promesse : « J'attribue une telle valeur au signe de la circoncision, qu'à lui seul je le juge capable d'assurer à cette nation une existence éternelle. »

Même si Dieu a récompensé un mérite unique et exceptionnel, on est en effet coupable de ne pas s'en montrer digne. On vit sous le joug accepté par les ancêtres, et la tradition de cette aristocratie de l'Élection devient héréditaire et transmise à toutes les générations pour les siècles des siècles à venir. Est-il possible de s'échapper parce que l'on s'en croit indigne ? Est-il possible, en somme, de n'être plus juif selon les définitions initiales de ce terme ? En aucune façon.

Mais, en fait, la majorité des Juifs ne sont pas juifs selon la mission qu'ils ont reçue. Il leur reste alors des déclarations d'appartenance, des observations de rites, un sentiment de superbe devant le fait qu'ils sont élus et un sentiment de culpabilité ou de révolte devant le fait qu'ils ne le méritent pas. En sorte qu'une certaine condition de victime serait imposée aux Juifs pour sanctionner régulièrement leur indignité. Seuls les convertis et les incroyants ont pu se libérer des servitudes du témoignage et de la prêtrise — « Je ferai de Toi une nation sainte de royaume de prêtres. »

Mais si Dieu, sortant de l'éternité, créant le Temps dans lequel Il entre et l'Espace qu'Il remplit de ses créations, décide de créer un peuple à partir d'un homme, Abraham, qui ne s'attendait à rien, qui n'avait ni ambition ni illumination — un homme qui se voit contraint de quitter « sa terre, sa patrie, sa famille, sa maison » —, alors c'est Dieu lui-même qui enferme son élu dans sa grâce avec toute l'infinie puissance et la majesté d'un éternel amour.

D'ailleurs, Dieu veut être aimé — et Claudel affectera de s'étonner que tant de chrétiens aient réservé leur amour au Christ dont on a dit qu'il a été plus aimé qu'il n'a aimé. Lorsque Dieu souligne ce qu'Israël lui doit et comment Lui, Dieu, a été fidèle à l'Alliance, ainsi que la scelle la sortie d'Égypte qui en constitue le mémorial. Il donne et redonne, dit et redit, rappelle et ressasse les raisons de Lui être fidèle. Il finit par lui dire, souverain et menaçant : « Si tu ne m'aimes, prends garde à Toi. »

L'obligation à la sainteté

Les exégètes modernes, soucieux de rajeunir, ou d'adapter à notre éthique le sens de l'Élection, ont tenté de séparer la notion de *différence* de celle de *supériorité*. Pour éviter l'arrogance que peut susciter le fait d'être élu, il convient de montrer qu'on ne peut tirer fierté que d'une *Élection méritée*. Il ne saurait y avoir de supériorité que dans la façon de louer Dieu et d'observer la Loi. Et même, dit Levinas, cette notion de supériorité se trouve privée de sens dans la mesure où le prophète souffre de la solitude de sa prophétie. Dieu dit à Moïse d'informer Pharaon qu'Israël est son *premier-né* mais non pas son *seul enfant*.

Ce qui, d'ailleurs, indique une antériorité chronologique dans l'accession des nations à l'existence. On n'aurait pas pu offrir un choix à des nations qui n'existaient pas. Mais on a compris qu'il n'était pas question de juger une cohérence théologique. Seule nous importe la vie tourmentée que les problèmes de l'Élection inspirent aux élus.

Pour revenir à la notion de supériorité, séparée de celle de *différence*, rappelons que Maimonide, quant à lui, accorde à la pauvreté une sorte de prééminence. Si l'on n'en hérite pas en naissant, on peut en effet aimer la *mériter* en se montrant fidèle à l'Alliance. C'est un chemin vers la sainteté. Dans la Bible tout est saint, et tout ce qui est proche de Dieu, *tous et tous ceux qui lui sont consacrés*.

Dans le Temple, les prêtres étaient supposés avoir un rapport privilégié avec Dieu et, obtenant ainsi la pureté spirituelle, méritaient le qualificatif de « saint ». En fait, ce nom a été réservé à Moïse, David, Samuel, Élie, Élysée : « Tous ont agi sous l'influence et l'autorité de Dieu. »

Qu'est-ce que cela signifie ? Il n'est pas question, ici, de Terre promise. Si tu veux respecter l'Alliance, si tu veux être un Juif selon l'Alliance, il faut être témoin ou prêtre. Témoin, cela veut dire un juste. Prêtre, cela signifie la prophétie ou la prédication. En dehors des deux orientations, il n'y a pas de judaïsme.

Je veux bien que l'on me sermonne sur l'universalité du judaïsme mais à la condition qu'on respecte la signification de l'Alliance, qui est d'une exigence considérable. Tout le monde ne peut pas être juif, il s'agit d'une tâche extrêmement difficile. Encore une fois, le judaïsme est un appel à la sainteté. À ce point crucial reviennent les mêmes questions. Dieu n'a-t-il pas investi ces hommes d'une mission inhumaine ? Si les hommes utilisent le fait, le privilège, d'avoir été distingués pour se comporter de manière à susciter même très indirectement la haine et la persécution, que devient la « mission » ? Cette condamnation à l'Élection ne peut-elle être jugée comme l'envers d'une « malédiction » ?

L'Élection, dans tous les cas, apporte plus d'apories théoriques que de délivrance empirique.

La terre et le sacré

Dans la Bible, cependant, les notions d'Élection et de sainteté vont connaître une évolution comparable, prenant toujours plus un sens moral, « spiritualisé ». À rebours des livres dits « historiques », les Prophètes vont renverser le possible « dégoût » divin, la « réprobation du Ciel », en un appel au renouveau de l'Alliance dont ils soulignent le caractère gratuit et irrévocable. Eux-mêmes, d'ailleurs, ne se conçoivent jamais comme des « élus ». C'est Dieu qui se révèle indéfectible. L'idée de « nation sainte » s'efface devant celle de « semence sainte » ou « petit reste » d'Israël. Le cœur, et non plus le temple, devient le lieu de Dieu, ou à tout le moins de sa présence et de sa révélation. La séparation qu'implique la sainteté s'impose dès lors, et d'abord, comme une rupture avec le sacré, c'est-à-dire avec la divinisation d'une quelconque part de la Création ou de l'Histoire assimilée à une tentation païenne.

La destruction du second Temple, au début de l'ère chrétienne, entérinera tragiquement ce double mouvement. De toutes les tendances alors existantes — les sadducéens, les esséniens, les hellénisants d'Alexandrie, etc. —, seul survivra le pharisianisme rabbinique et synagogal, à la fois la plus identitaire et la plus appropriée à l'état de diaspora. Contre le christianisme, autre forme spiritualisée du culte mais fondée sur l'universalité concrète de l'ouverture à toutes les nations, ce judaïsme maintiendra le sens singulier de l'Élection en affirmant à la fois l'universalité abstraite de la Loi et le privilège de la fraternité restreinte qui en a reçu singulièrement le dépôt. L'aporie, reconduite, ne trouvera de résolution qu'eschatologique : à la fin des Temps, les peuples se tourneront vers Jérusalem, « Sion du Saint d'Israël », comme le dit Isaïe.

Ce refus de toute sacralité, y compris celle de la Terre, explique l'hostilité première entre sionistes et religieux — dont certains groupes hassidiques continuent de témoigner aujourd'hui en

Israël. Ce refus nourrit aussi l'éloge du statut diasporique comme l'exil décrit par des penseurs libres tels que George Steiner, ou encore une universitaire du nom d'Esther Benbassa.

L'insurrection spinoziste

Dans un certain sens, c'est contre la prétention du peuple juif à se croire, seul, élu, et donc aussi contre la prétention des docteurs de la Loi à se croire, seuls, investis de la mission d'indiquer pourquoi le peuple juif a été élu, que Spinoza s'est lui-même, et le premier, insurgé.

Dans son article de l'*Encyclopædia universalis*, Emmanuel Levinas pense de toute évidence à Spinoza, sans le citer, lorsqu'il réfute la notion traditionnelle de l'Élection. Levinas dit — et il le dit magnifiquement — que tout le monde peut rejoindre et faire partie du peuple élu. Que cette Élection ne crée pas une aristocratie de privilégiés. Qu'on est élu pour la difficulté des devoirs supérieurs et supplémentaires, et non pour la jouissance orgueilleuse de bénéficier d'un caprice divin. Est-ce le cas pendant les guerres ?

Les Juifs, selon Levinas, ne sont en somme que des prêtres condamnés à l'ingrat et terrible sacerdoce de montrer à l'humanité le dessein de Dieu. Ces prêtres ne sont « différents » des autres que par le nombre de tâches et de souffrances qui sont leur lot. D'autres précisent que le peuple n'est élu que pour occuper la fonction de prêtres et de témoins, et non pour diriger un État, ou une armée. Prêtre et témoin, et rien d'autre, exemplarité et pas du tout avantage. On n'est pas élu pour jouir de quelque chose de supérieur aux autres, on est élu pour être un exemple pour les autres, pour témoigner d'un universel humain.

À nouveau : est-ce compatible avec les guerres ?

On sait que Spinoza, influencé, dit-on, par Juan De Prado, avait dans un premier temps professé des opinions « libertines et athées », ce qui lui valut l'inimitié et l'excommunication de la communauté juive d'Amsterdam, et de sa propre famille. On sait moins que Spinoza, en 1660, reçut un coup de couteau décoché par un Juif fanatique qui manifestait d'une manière assez particulière son appartenance au peuple élu. Il vient un temps, en effet, où l'interrogation sur le sens du message religieux doit porter à la fois sur son inspiration et sur la façon dont il est reçu, compris, appliqué par les fidèles.

Si l'Élection est bien ce qu'en dit Levinas, non seulement alors il n'y a plus de problème, mais on peut redouter aussi qu'il n'y ait plus de concept. Car le peuple juif serait choisi par Dieu pour former des héros et des saints. Sans doute cela permettrait-il de comprendre sa volonté divine de garder authentiques et pures les qualités particulières réservées à l'élite de son choix. Mais, on l'a vu bien souvent au cours de cet essai, cela poserait aussi la question, humaine, trop humaine, de la possibilité d'être un héros et un saint.

Modèle et rivalités

Ce n'est donc pas seulement le destin juif qui m'a conduit à réfléchir à l'Élection. C'est l'observation des aventures et la constatation des malheurs qui ont, dans l'Histoire, presque toujours suivi le fait pour un individu, un groupe, un parti de s'être crus seuls à pouvoir interpréter Dieu, l'Histoire, la Tradition, la Race, la Révolution. Ce sont toujours les mêmes expressions et

les mêmes références. Ces hommes ont été visi-
tés, ou inspirés, ou désignés ; ils croient à leur
rêve, à leur étoile, à leur fortune, ou à leur
chance ; ils ont un système unique pour expliquer le monde et ils le développent soit sous la
dictée des dieux, soit sous l'inspiration de leur
génie dans des livres que leurs disciples sacrali-
sent ; et puis, conséquence ultime, et plus grave
que toutes les autres, ils éprouvent le besoin de
lutter, avec toutes les armes disponibles, contre
leurs ennemis, lesquels peuvent n'être que ceux
qui leur résistent.

C'est un peu cela, on en conviendra, l'histoire, en raccourci, de l'Élection, concept qui est
loin d'être l'exclusivité du peuple juif même s'il
aura été incarné par ce dernier plus que par
d'autres. Aussi, si l'on a bien affaire à une constante
anthropologique, les formes historiques en demeurent inégales. Filiation, substitution, négation,
emprunt avec ou sans rivalité : selon que l'on passe
du domaine théologique au domaine politique
ou encore des sociétés traditionnelles aux temps
modernes, le tableau ne cesse de changer. Seul le
désir d'être élu demeure invariable.

Le renversement chrétien

Pour ce qui est des deux autres monothéismes, chrétien et musulman, la notion d'Élection joue à plein mais contradictoirement, bien sûr, avec la définition juive. Le Nouveau Testament applique le terme d'« élu » tour à tour à Jésus, à l'Église, au croyant. Dans l'Évangile de Jean, particulièrement, l'incarnation du *Logos* éternel vaut entrée dans les temps messianiques : le Fils de Dieu et Fils de l'homme s'y révèle le descendant de David attendu, à la fois oint royal et serviteur souffrant. Son message — qui porte avant tout sur Lui-même la nouvelle de Sa venue dans le monde — s'adresse donc à toutes les nations. Ce sont elles qui sont appelées à former l'*ecclesia* à laquelle la première épître attribuée à Pierre applique les qualifications habituelles d'Israël dans la Bible : « royaume de prêtres, nation sainte, peuple élu ». La différence porte en fait sur le croyant dont la foi est requise comme condition absolue et qui reste suspendu à l'échéance d'un jugement tout personnel : l'Élection, comme le dit encore Pierre mais dans sa seconde épître, est une « vocation » soumise à vérification.

Paul-Saül, pharisien d'abord persécuteur puis converti sur le chemin de Damas, n'invente donc rien. Au contraire, son épître aux Romains manifeste, au cœur du Nouveau Testament, la reprise chrétienne du paradoxe et de l'aporie de l'Élection face au mystère d'Israël, et plus encore du maintien et de la persévérance du judaïsme en dépit de la venue (à ses yeux) du Messie. Pour Paul, l'élection des Juifs est irréversible, et, dans le même temps, leur refus lui demeure une énigme — d'où le caractère passablement embrouillé de cette épître dont les interprétations, au fil du temps, deviendront toujours plus dénaturées et hostiles.

C'est avec les Pères de l'Église, et surtout après la paix de Constantin au IVᵉ siècle, que l'on verra s'affirmer un antijudaïsme théologique difficilement assimilable tel quel, malgré la dimension hautement polémique de la question, à l'antisémitisme moderne. Un mot d'Augustin le résume mieux que tout : « Les Juifs portent des Livres qu'ils ne comprennent pas. » Le « non » de la Synagogue à l'Église se poursuit sur une ligne de fracture que vont accentuer des mesures théologico-politiques. Au nom du christianisme désormais dominant et qui se veut « le véritable Israël » — c'est la théorie de la substitution — l'empereur Justinien englobe les Juifs dans sa répression globale des minorités. Avec la découverte que le Livre des Juifs est moins la Bible que le Talmud et que celui-ci comporte également sa part d'antichristianisme, le Moyen Âge latin légalisera et généralisera, à partir du XIIIe siècle, le recours à la persécution et à la discrimination.

La position de l'Église catholique ne changera guère sur ce point jusqu'au concile de Vatican II où sera officiellement abandonné cet « enseignement du mépris ». Mais il faudra attendre le pontificat de Jean-Paul II, ancien évêque de Cracovie, pour que soient produits des gestes significatifs : visite à la synagogue de Rome, reconnaissance par le Vatican de l'État d'Israël, pèlerinage au Mur des lamentations, et Repentance pour les siècles d'inimitié. La qualification de « frères aînés » annulera la théorie du « Vrai Israël » en reconnaissant sur un mode paulinien l'irréversibilité de la première élection sans pour autant renoncer à la validité de la seconde. Si l'avancée politique est incontestable, l'aporie théologique sur cette question n'en demeure pas moins comme le double mouvement, à l'image de l'épître aux Romains, qui anime le dernier livre de Jean-Marie Lustiger, précisément intitulé *La Promesse,* et dont le cardinal prévient qu'il mécontentera à la fois les juifs et les catholiques.

À propos de l'État d'Israël, il convient de se référer sans cesse aux importantes « orientations pastorales » que le Comité épiscopal français a publiées le 16 avril 1973. C'est un texte de référence qui témoigne de la difficulté de « porter un jugement théologique serein sur le mouvement de retour du peuple juif sur sa terre ». Michel Renaud cite le préambule de ces orientations pastorales : « Nous ne pouvons tout d'abord oublier, en tant que chrétiens, le don fait jadis par Dieu au peuple d'Israël d'une terre sur laquelle il a été appelé à se réunir » (*cf.* Gn 12, 7 ; 26, 3-4 ; 28, 13 ; Is 43, 5-7 ; Jr 16-15 ; So 3,20). La première mention du don de la terre fait immédiatement suite à la vocation d'Abraham : « Ils arrivèrent au pays de Canaan. Abram traversa le pays jusqu'au lieu-dit Sichem, jusqu'au chêne de Moré. Les Cananéens étaient alors dans le pays. Le Seigneur apparut à Abram et dit : *C'est à ta descendance que je donne ce pays.* » Il faudra s'en souvenir. Après Babylone, on refusera souvent de le faire.

Avant même d'exister, la postérité d'Abraham se trouve liée, par la parole de Dieu, à la terre de Canaan. Dès le début de l'histoire des patriarches, le peuple et la terre seront unis entre eux par une même promesse divine, et cette promesse, présentée comme irrévocable, est confirmée à Isaac et à Jacob. « Orientations » qui vont se confirmer lorsque Jean-Paul II reconnaîtra avec solennité l'État d'Israël.

L'ambivalence coranique

Dans le Coran, l'affaire se présente tout autrement. L'élection du Prophète ou du croyant est un pur acte de l'absolue volonté de Dieu qui, dans l'omniscience qui est la sienne, prédestine celui qu'il a choisi à l'état de soumission en le distinguant des infidèles. Le radical impératif théologique fait qu'en droit islamique l'appartenance à l'*Umma,* la communauté des croyants, est irrévocable et que le membre apostat est en conséquence puni de mort. Mais elle a aussi une conséquence théologique sur le cœur même de l'Histoire. Là où le christianisme prétend accomplir l'Élection juive en y englobant les nations, l'islam postule, à la fois contre le judaïsme et le christianisme, que, dernier venu, il ne leur est pas moins antérieur par sa coïncidence ontologique avec l'abrahamisme primitif et fondateur. Dès lors, les Juifs ne sont pas seulement des « élus » dépassés, mais aussi, en quelque façon, des usurpateurs qu'il faut cependant protéger.

L'ambivalence de l'Élection est alors plus tendue : le Coran peut aussi bien prendre à témoin les Juifs de la vérité de la révélation *ultime* faite à Mahomet que les traiter de « falsificateurs des Écritures ». Cette ambivalence se résout dans le statut théologico-politique de « dhimmitude », de citoyenneté confessionnelle de rang inférieur mais tolérée, et même garantie, pareillement accordée aux autres « peuples du Livre », nommément les juifs, les zoroastriens et les chrétiens. Si l'accueil fait aux séfarades après leur expulsion d'Espagne en 1492 a été réel au sein d'un Empire ottoman fondé sur l'équilibre des minorités, le statut de *dhimmi* ne peut être pour autant enjolivé.

Aux temps modernes, en raison de leur absence de revendication nationale, les Juifs souffriront moins que les chrétiens. Mais, dès la seconde moitié du XIXe siècle, avec l'apparition des mouvements de solidarité des Juifs d'Europe puis du sionisme, le monde arabo-musulman verra naître un virulent antisémitisme souvent calqué, en raison de la colonisation, sur celui de l'Occident. La fondation de l'État d'Israël précipitera le mouvement.

Emprunts

Par-delà les conflits de filiation entre les trois monothéismes, la notion d'Élection connaîtra de multiples avatars, se retrouvant invoquée sous une forme collective ou individuelle. L'idée de royaume saint, dérivé de l'Israël biblique, donnera lieu à de nombreuses translations. Parmi les chrétientés orientales, l'arménité dégage la plus grande analogie avec la judéité. Elle se décline pareillement en ethnie, terre, langue, culture, exil, diaspora, foi, conscience d'un génocide. Et, pareillement, alors que le royaume arménien fut le premier à se convertir au IIIe siècle avant d'être maintes fois balayé par le choc des empires au cours de l'Histoire, la république d'Arménie fut parmi les premières à déclarer son indépendance lors de la chute de l'URSS. L'Éthiopie, qui se veut africaine et sémitique, s'est pour sa part réinventée cadette du peuple élu. Elle se veut issue des amours de Salomon et de la reine de Saba, ultime dépositaire de l'arche d'alliance que leur fils Ménélik, descendant de David, aurait transférée à Aksoum, l'antique capitale. Des siècles plus tard, au cœur du Moyen Âge, un roi-prêtre fondera une cité sainte sur les hauts plateaux et lui donnera son nom. Ce sera Lalibela, nouvelle Sion, où la rivière s'appelle le Jourdain, où l'on vient prier sur le tombeau présumé d'Abraham et où la plus haute montagne alentour se nomme le Sinaï. Mais, plus près de nous, ces emprunts ont aussi conditionné l'Histoire de l'Occident : si la France peut se déclarer « fille aînée de l'Église », c'est que les Capétiens ont dressé, sur les vitraux des cathédrales, l'arbre de Jessé où ils ont trouvé place, eux aussi, comme rameau de la dynastie davidique. En fait, on assiste chaque fois à la volonté de se greffer sur l'histoire sainte : par filiation et substitution, on s'assure de l'Élection. Le processus, mimétique, peut être ou ne pas être de rivalité.

Ce désir d'un dessein providentiel se retrouve accru dans sa forme impériale où domine l'espérance messianique — un monde unifié sous la paix perpétuelle et se rapprochant ainsi de la vision eschatologique de tous les peuples de la terre tournant autour d'un centre sacré. En endossant la pourpre, Charlemagne, issu des invasions barbares, dispute à Byzance l'héritage de la romanité païenne puis chrétienne afin de gagner le titre de « lieutenant de Dieu ». En voulant étendre le Saint Empire romain germanique, Frédéric Barberousse continue à projeter les bases de la future Europe tout en contestant au pape son magistère. Un peu plus tôt, à l'orée du premier millénaire, en adoptant l'orthodoxie, la Russie médiévale a cru sauver le christianisme qui a été selon elle abâtardi par l'Église latine ; bientôt, après la chute de Constantinople, elle se prétendra « la troisième Rome ». Au cœur des Lumières, Frédéric II de Prusse justifiera ces annexions en se référant à la notion d'Élection telle que Dieu l'a définie. Et, tout près de nous, les États-Unis d'Amérique combinent libéralisme démocratique et inspiration biblique dans une religion civile — *one nation under God* — dont l'universalisme éthique est censé garantir leur statut d'hyperpuissance, Dieu ayant réservé le Nouveau Monde à cette fin d'un règne du Bien.

Dérives

La dimension collective de l'Élection ne se départ pas, le plus souvent, d'une incarnation individuelle. Quand de Gaulle dit : « Ce qu'Alexandre appelle son destin, César sa fortune, et Napoléon son étoile », il renvoie à l'idée que l'homme providentiel, en s'instituant maître de l'Histoire, se conçoit comme un élu. Et, lorsque Napoléon entre dans Iéna, Hegel croit voir passer la « Raison à cheval ». Mais l'emprunt au mythe de l'Élection tourne à la légende noire quand l'aventure impériale substitue au corpus révélé une religion laïcisée sous une forme totalitaire. En divinisant diversement la race ou la classe, le nazisme et le stalinisme ont ainsi actionné une machine à terreur sans précédent, pour la seule gloire de tyrans sanguinaires promus au rang d'idoles. L'Histoire prend alors la place de Dieu et choisit son mandant sur terre en lui communiquant ses attributs. Et les différents interprètes de la Révolution, qu'elle soit national-socialiste, marxiste, islamique, s'octroient ce privilège démiurgique en professant que leur mission est de créer une humanité nouvelle.

Tous les groupes terroristes relèvent de cette philosophie, implicitement ou explicitement. À vrai dire, c'est en réfléchissant sur eux, et sur la violence, que j'ai rencontré ce concept et sa tragique richesse. La leçon en est déjà chez Dostoïevski. Dans *Crime et Châtiment*, Raskolnikov croit égaler l'élection du grand homme, en l'occurrence Napoléon, en assassinant sans raison une vieille femme ; dans *Les Démons*, Kirillov pense à la fois devenir Dieu et prouver l'athéisme en se tuant après avoir endossé d'atroces crimes. Ceux qui envoient les jeunes *Chahidines* à la mort en les transformant en bombes humaines pensent-ils autrement ?

La tentation est forte de résorber le monde dans un éclat apocalyptique. Martin Buber en a même fait un étonnant roman, *Gog et Magog*, qui raconte comment les maîtres du hassidisme du fond de l'Europe orientale, ayant entendu parler de Napoléon — encore lui —, tentent de conjuguer leurs forces mystiques pour que l'épreuve du feu oblige le Messie à se manifester. Aucun d'entre eux ne survivra à cette volonté de forcer le dessein de Dieu.

Contre le judéocentrisme

J'ai rencontré le problème de l'Élection au fur et à mesure que je me suis heurté aux soucis des Juifs incroyants d'affirmer leur singularité juive. Je trouvais évident, dans ma candeur, que la religion juive pût n'être, pour certains, qu'une identité confessionnelle et que, éloignée d'elle, liberté était donnée à chacun de vivre une identité nationale étrangère aux récits bibliques dans leur historicité et aux promesses de Terre promise.

Après le génocide, et la fondation d'Israël, cette distinction entre croyants et incroyants est devenue inopérante. On s'est mis à penser que l'antisémitisme pouvait prendre mille formes. Mais, dans cette perspective, aux yeux des antisémites, les Juifs étaient, eux, toujours et inlassablement les mêmes. Le judaïsme était présenté non pas comme un choix, mais comme une *appartenance,* non comme une adhésion mais comme un *destin.* Il y avait, forgée dans les malheurs sans équivalent du génocide, une identité qui ne dépendait pas forcément de Dieu mais qui aboutissait à une *condition.* De cette condition juive, il était illusoire et suspect de vouloir sortir. D'autant que les plus grands esprits qui faisaient l'honneur du génie juif étaient fiers de cette appartenance, quel qu'en fût le prix. Comment cette fierté lumineuse pouvait-elle être associée au tragique de la condition ? C'était simple. Il fallait y penser. Par l'Élection.

Ce qui revenait à faire de la question juive un pôle central de la pensée. La centralité du judéocentrisme est savoureusement exprimée par le fait que, par exemple, dans les ghettos de Pologne, où, chaque fois qu'il arrivait quelque chose, — fût-ce une chute de cheval du seigneur ou l'un de ses malheurs conjugaux —, on se demandait : « Est-ce que c'est bon pour nous ou pas ? » Il s'agissait là d'un *judéocentrisme de protection*. Et c'est un fait que la persécution renforce la légitimité d'un tel recours. Mais il y a en outre un *judéocentrisme de réflexion* qui conduit, implicitement souvent, explicitement parfois, à considérer que le Juif serait le témoin, l'expérimentateur, le prophète de toutes les nations, et cela lui viendrait de l'Alliance. L'affirmation de la singularité du peuple juif, la volonté de rester singulier, la peur de se dissoudre dans la société des autres, l'absence de prosélytisme, corrigée il est vrai par le nombre imposant de mariages mixtes, la conviction qu'on ne peut être exemplaire que si l'on est particulier, toutes ces idées font que l'on peut parler d'une philosophie du judéocentrisme. Or, par instinct, par élan, par formation, j'ai toujours voulu échapper à cette notion.

Éternité de l'antisémitisme ?

Si Israël est un destin, comment y échapper ? Si Œdipe est tragique, c'est parce qu'il n'a pu refuser son destin. Sommes-nous condamnés au tragique ? À quoi ressemble cette histoire singulière d'une Élection qui suscite tous les malheurs, et notre protestation alors contre ces malheurs ? Si certains Juifs, Judas en particulier, ont permis au Christ de se révéler aux hommes, ont rendu possible le processus qui va du message à la Passion et à la Résurrection, pourquoi, au nom de cette logique, refuserait-on aux bourreaux du peuple juif de contribuer à sa mission ? Quelle dérision ! Quelle impasse ! Que de bruits et de fureur inspirée à l'intérieur du plus vieux des cercles vicieux dans les religions révélées. À quoi être fidèle ? Faut-il suivre le fameux commandement et quitter son pays, sa communauté, sa famille pour mieux retourner à des racines non terrestres ? La réponse est peut-être dans la simplicité d'un comportement quotidien.

Tout devrait-il cependant être repensé à partir de la réalisation de l'idéal sioniste ? L'interprétation donnée de l'antisémitisme peut-elle rester la même lorsque l'on est combattu et lorsque l'on est persécuté pour ce que l'on est ? La différence entre le « faire » et l'« être » ne s'impose-t-elle pas ici ? Question qui n'est pas seulement essentielle mais qui est *la* question. Il est normal que l'on y revienne sans cesse. Car il faut souligner une fois encore que, depuis l'apparition d'un État hébreu souverain, les Juifs, et plus précisément les Israéliens, sont entièrement responsables de leurs actes. Ils ne dépendent que de leur volonté et de leur idéal. Ils sont désormais acteurs et se reconnaissent comme tels. Constat qui devrait ruiner l'argumentation des partisans d'un antisémitisme éternel. Or il se trouve que nombreux sont les Juifs, sionistes ou pas, qui refusent de recenser les causes d'un antisémitisme précis. Ils entendent constater la longue durée historique et privilégient une « lecture transhistorique de l'antisémitisme ». Ils assignent la « permanence de la haine à une essence antisémite propre à tout non-Juif », ainsi que le résume Denis Charbit dans son *Anthologie des sionismes*. Et Léon Pinsker, sans doute par « déformation professionnelle » (il était médecin de formation), dans son opuscule déterminant pour la pensée sioniste, *Auto-Émancipation ! Mise en garde d'un Juif russe à ses frères*, publié anonymement à Berlin en 1882, définira la haine des Juifs, la « judéophobie », comme une « psychose, [qui] comme telle, est héréditaire et, cette maladie transmise depuis deux mille ans, inguérissable ».

Ces défenseurs me donnent l'impression d'appartenir à une époque prédarwinienne. En effet, avant que Darwin ne donne une origine aux espèces, qu'il ne leur attribue une évolution, le temps n'existait pas dans les sciences. Les sciences, jusqu'à Darwin, avaient un objet fixe. Darwin a introduit le temps dans la science. Les théoriciens de l'antisémitisme éternel n'introduisent le temps ni dans l'observateur ni dans l'observé. Ni le juif ni l'antisémite ne changent. Seuls les masques que revêtent les antisémites se métamorphosent.

Rouvrir l'Histoire

La question s'est souvent posée de savoir si ce sont les Juifs qui provoquent la réaction de rejet ou s'ils se construisent en fonction de l'hostilité qui s'acharne sur eux. Quand les Juifs sont persécutés, ils ont tendance à essentialiser l'hostilité, c'est-à-dire à faire de l'antisémitisme une catégorie de l'esprit — de l'esprit des autres, comme s'il était différent du leur. Quand ils sont dans des périodes de bonheur, ils ont tendance soit à réduire leur singularité, soit à en tirer parti comme d'une supériorité. Attitude évidemment contraire à l'injonction définie par les commentateurs les plus exigeants, tels Yeshayahou Leibowitz, Emmanuel Levinas ou Martin Buber, dans les termes suivants : « Tu n'es pas élu, tu dois mériter de l'être. » Les Juifs sont comme assignés à la solitude, et, en tout cas, à la différence.

Dans *Dieu est-il fanatique ?* j'ai développé l'idée qu'il était malsain pour la raison, pour l'équilibre de la raison, de penser qu'il y avait une dimension mystérieuse de l'antisémitisme. Il fallait vivre comme s'il n'y en avait pas tout en se disant que peut-être il y en avait une. Cette attitude que j'ai décidé de faire mienne est très difficile à justifier. Il est des gens pour dire qu'il y a une métaphysique de l'antisémitisme et que la nier, ce serait nier son ontologie. Mais, au nom même de la Bible, on est en droit de récuser ces vues essentialistes, assez grecques au fond, et de leur préférer la vision d'une histoire ouverte.

III

LA SHOAH

« Je crie au sépulcre : "Tu es mon père !"

à la vermine : "C'est toi ma mère et ma sœur."

Où donc est-elle, mon espérance ? »

Job XVII, 14-15.

Pourquoi Auschwitz ?

Élection selon le mérite ou la supériorité, Alliance qui inclut des promesses et une protection : reste que le peuple qui va s'appeler Israël va être confronté au Mal et aux problèmes qu'il posera dans tous les monothéismes à venir. On souligne souvent que les destructions du Temple (70 et 586) et l'échec de la révolte juive contre les Romains de Bar-Kokhba (132-135) conduisent les Juifs à repenser le rôle de Dieu dans l'Alliance. Dieu a-t-il été absent ? Se pourrait-il qu'Il l'ait été ? Les « rabbins » vont inaugurer les grandes questions qui rebondiront au moment des martyres chrétiens et plus encore après Auschwitz.

Dieu punit-Il ? Sanctionne-t-Il ceux à qui Il reproche de ne plus L'aimer en oubliant sa Loi ? Pourquoi ne détourne-t-Il pas son peuple de la possibilité de désobéir ? De faire le mal ? De risquer les sanctions que Lui, Dieu, décide d'appliquer ? De subir enfin la tragédie de telles sanctions ? Et, question moderne : pourquoi punir ensuite ceux qui n'auraient été que les instruments de la justice divine ou de l'Élection ? Enfin, question posée dans cet essai, si Dieu punit ceux qui n'arrivent à n'être ni des prêtres, ni des témoins, ni des saints, le revers de l'Élection de quelques-uns est-il alors la malédiction de tous ?

On trouverait dans le Talmud que « la souffrance doit être comprise comme faisant partie du processus de rédemption ». Bien qu'il exclue toute justification théologique de la catastrophe vécue par son peuple, parlant de « souffrance

inutile » que rien ne peut venir apaiser, Levinas
emploie à plusieurs reprises le terme de « Passion » pour désigner ce que les Juifs, (il dit aussi
le judaïsme) ont vécu entre 1940 et 1945 : « La
Passion où tout fut consommé et cette audace de
recommencement [que représente l'entreprise
sioniste de fondation d'un État] [...] ont été res-
senties comme les signes de la même Élection ou
de la même malédiction, c'est-à-dire du même
destin exceptionnel. » On citera également : « Le
souvenir de la Passion vécue par le judaïsme
entre 1940 et 1945 ramena à la conscience de
leur destinée exceptionnelle des hommes qui, il y
a trente ans encore, semblaient loger la totalité de
leur existence dans les catégories occidentales si
clairement définies de nation, d'État, d'art, de
classe sociale et de profession (de religion éven-
tuellement mais très rarement). » Annette Wie-
viorka, dans *Déportation et Génocide*, observe
qu'« il y a souvent dans les récits une identifica-
tion des Juifs au Christ. "Juif, c'est à ton tour de
porter la Croix", s'exclame une déportée,
Suzanne Birnbaum ».

Sur cette attitude, Emmanuel Levinas, dans
Influence de Spinoza, que je quitte rarement dans
ce livre, fait ce commentaire brillant et dédai-

141

gneux : « Cliché commode ! Le maître des Évangiles attire, l'histoire médiévale repousse. Que d'efforts déployés dès lors pour quérir dans les paysages palestiniens la trace des pas, le sel des larmes, l'écho des prières de celui que l'on appelle le dernier *prophète d'Israël* [...] À combien d'intellectuels juifs, détachés de toute croyance religieuse, la figure de Jésus n'apparaît-elle pas comme l'accomplissement des enseignements des prophètes ? »

C'était vrai avant la Shoah. Depuis, Jésus n'apporte aucune explication suffisante.

Du Livre aux livres

Ce sera l'interprétation transcendantale de la Shoah dans sa dimension anhistorique et dans son rapport avec la création de l'État juif qui expulsera le conflit israélo-palestinien hors des frontières de la polémologie et des commentaires sur la nature conquérante du retour à Sion. Le Deutéronome affirme ainsi, dans le même élan, que l'Alliance est éternelle, mais que la vie ou la mort du Peuple élu dépend de l'observance de la Loi. Dès lors, quand advient l'exil de Babylone, la question se pose, et la Bible se la posera, de savoir si le « Dieu des armées » a été vaincu, si le « Dieu jaloux » est injuste, si « le Dieu de la promesse » est infidèle. La réponse des prophètes est que Dieu rayonne dans Sa souveraineté par l'épreuve de confiance à laquelle Il soumet Son peuple et qui invite à un renouveau des Épousailles. Mais, là encore, le discours se dédouble : aux prophéties du retour à Sion s'opposent les prophéties de la sanction divine — opposition qui se retrouve souvent, d'ailleurs, chez le même prophète (Ézéchiel) avec son fameux rêve des ossements qui, réunis, annoncent la Résurrection.

Le message est alors repris sur un mode apocalyptique. Telles ces visions du même Ézéchiel où les menaces de totale destruction ne sont tempérées que par la perspective d'une renaissance messianique, voire d'une résurrection eschatologique. Mais, dans tous les cas, le malheur se voit intégré à l'histoire sainte, la dureté de la pédagogie divine étant de plus en plus assimilée à la preuve d'un radical amour.

Pour ce qui est du génocide, c'est une sanction si énorme qu'elle inspirera rarement de tels commentaires. De manière significative, lorsque vient le temps du témoignage, et que se déploie la littérature des camps, surtout à partir du milieu des années 1960, les auteurs sont pour l'essentiel des « laïcs » déjudaïsés. Ce qui traduit une évidence sociologique. Mais pas seulement. Les rabbins qu'Élie Wiesel nous décrit dans les camps nazis sont eux-mêmes complètement dépassés. Tout autant que les autres. Ces dévots du hassidisme se découvrent soudain privés de leurs repères religieux habituels. Le silence auquel ils se trouvent réduits accompagne celui de Dieu.

Si la production théorique sur ce point devient vite abondante, les témoignages et récits de type religieux demeurent rares, et seront tardifs. Un bon exemple en est *Le Livre de la mémoire* de Sylvain Kaufmann, publié à l'orée des années 1990. Ce Juif d'Alsace, né sous la coupe allemande, ayant grandi dans la plus stricte observance et l'amour de la France, rescapé d'Auschwitz, a tenu à décrire son expérience au présent afin de démontrer que, tout au long de son calvaire, et en dépit de l'horreur absolue, il était demeuré sous le regard de Dieu et en pleine confiance dans Sa providence. En conséquence, l'explication qu'il donne reprend intégralement le schéma biblique : la punition divine pour l'infidélité se retourne en miracle avec le retour sur la Terre promise et la fondation de l'État d'Israël ; de ce fait, l'Élection demeure, si tragiques soient ses détours. Pour exceptionnel qu'apparaisse ce point de vue dans la littérature, il n'est pas sûr qu'il faille le considérer comme isolé dans les représentations collectives. C'est, en une certaine façon, la position inverse de celle de Primo Levi qui, montrant le vide, ne laisse subsister que le vertige.

La folie de comprendre

Plutôt que dans les témoignages et récits, l'interprétation religieuse va se manifester dans les commentaires, là encore tardifs, souvent en réponse à la théorie du « silence de Dieu », et qui recoupent parfois des fractures au sein du monde juif qui ont d'autres causes que la Shoah. Il faut mentionner, ne serait-ce qu'en raison du scandale qu'elles ont causé, les récentes déclarations du grand rabbin Ovadiah Josef, guide spirituel du parti séfarade Shas, reprises d'ailleurs par un grand rabbin français. Selon lui, les victimes de la Shoah n'étaient autres que les âmes réincarnées de ceux et celles qui, au Sinaï, avaient adoré le Veau d'or et auraient donc été justement punies. Si on laisse de côté la doctrine de la réincarnation, propre au courant cabalistique, ainsi que le ressentiment contre les Ashkénazes, interisraélien, que manifeste ce propos, une telle vision d'un Dieu non seulement vengeur mais encore capable d'une infinie cruauté relève, au sens propre, de l'épouvante terroriste.

C'est tout autrement que le Rav Adin Steinsaltz — figure solitaire en Israël, considéré comme le « nouveau Rachi » en raison de sa monumentale traduction du Talmud dans diverses langues modernes dont l'hébreu, l'anglais, le français, le russe, mais aussi intellectuel rompu au débat contemporain et capable de dialogue avec Sartre ou Levinas — se distingue des interprétations à la fois intégristes et laïques. À ses yeux, les imprécations des prophètes renvoient moins à une volonté divine active qu'à la réalité de l'Histoire, alors devenue d'autant plus tragique que l'on cesse de la considérer comme une histoire sainte. Sans se faire l'interprète de la providence divine, il souligne la dimension singulière du destin juif rythmé par d'insondables tragédies. Dès lors, et sans non plus minimiser l'événement de la Shoah, il refuse néanmoins que cet événement puisse imposer le silence sur Dieu. La question du Mal, particulièrement, et à la manière de Dostoïevski dans *Les Frères Karamazov*, lui semble entièrement posée par la mort, même naturelle, d'un seul enfant. Bien plus que des catastrophes, y compris inconcevables, qui peuvent affecter les peuples juifs de l'extérieur, le Rav Steinsaltz préconise que l'on redoute un processus de disparition auquel aboutiraient l'abandon, la non-transmission, la perte de la tradition talmudique qui, pour lui, a fait et fait, seule, la pérennité de la condition juive.

Une sacralité négative ?

Mais la plupart des autres commentateurs religieux (juifs ou chrétiens) qui sont prêts à voir dans les destructions du Temple, l'Inquisition et les pogroms des accès de colère de Yahvé — quitte à retrouver son amour en raison des malheurs infligés à ses persécuteurs — reculent pourtant à l'idée de mettre la Shoah sur le compte des orages justiciers de leur Dieu. Les écrits sur l'univers concentrationnaire font désormais partie du patrimoine des souffrances de l'humanité. L'Homme réduit au niveau de la bête, pour que l'on puisse mieux l'abattre comme une bête. Singularité unique et sans précédent, impensable en termes humains, devant échapper à toute explication qui équivaudrait à une compréhension, phénomène sacralisé en creux, symbole du Mal absolu, qui ne ressemble à rien de ce que l'on a connu depuis les origines de la vie et de l'Homme : voilà tout ce qui a été pensé, dit, écrit, sous toutes les formes et sur tous les tons. Comment va-t-on en sortir ? C'est là que se révèle toute l'importance de l'*unicité*. Il faut que le phénomène soit unique.

Tout se passe comme si l'horreur pour être, non pas admise, ni acceptée bien sûr, mais seulement inscrite dans les possibilités de l'Histoire avait besoin de l'unicité. On est passé de la recherche du sens à l'établissement de l'unicité, puis du postulat de l'unicité au constat de la solitude des victimes. Le défi que représente la barbarie nazie pour l'intelligence, rationnelle et historique, encourage le dogme du caractère sacré d'Auschwitz. La tentation est grande de considérer le génocide comme un phénomène transcendant l'Histoire. Et pour cela on va lui donner un nom singulier — spécifique. Le grand rabbin parisien du mouvement libéral, Daniel Farhi rappelle volontiers que le mot « Shoah » vient de la Bible et qu'il s'y trouve treize fois cité, dont trois dans le seul livre de Job. Chaque fois ce mot désigne un cataclysme, une catastrophe, soit personnelle, soit nationale, mais, dans le livre de Job, il s'agit d'un malheur attribué à la volonté divine. En France, la vulgarisation — hors de la communauté juive — de cette appellation est due à Claude Lanzmann grâce au retentissement de son immense film *Shoah* ainsi qu'à Serge Klarsfeld et aux quatre volumes de cet auteur intitulés *La Shoah en France*. En fait, l'expression « Shoah » a probablement été adoptée publiquement, voire officiellement, pour la première fois, à Jérusalem en 1953, lors de la création d'un mémorial central créé pour perpétuer la mémoire des six millions de Juifs assassinés par les nazis et leurs complices, ainsi que celle des actes d'héroïsme effectués notamment par les combattants des ghettos mais aussi des « Justes des Nations », et dont le nom est le Yad Vashem.

Cet événement est tellement incompréhensible, tellement disproportionné à toute faute humaine, qu'on a voulu le croire venu de nulle part. On l'a qualifié d'inhumain. Mais *inhumain* peut vouloir dire *sous-humain* ou *surhumain*, donc *extrahumain.* Dans ce cas-là, quel en est l'auteur ? Ce ne peut être que Dieu ou le Diable. Le Diable ? Qui, parmi les commentateurs de la Shoah, croit en l'existence du Diable ? Reste alors Dieu ? L'idée que le génocide puisse venir de Dieu, je l'ai souligné, épouvante. Certains, pour ne pas croire Dieu responsable, se sont résignés à son impuissance ou à son indifférence, Il aurait déserté, a-t-on dit.

La parade de Steiner

S'ajoutant aux mots de Hans Jonas et de Jankélévitch, on connaît celui d'Adorno sur l'impossibilité d'écrire de la poésie après Auschwitz. Mais l'attitude d'un George Steiner paraît à la fois plus radicale encore. Il retourne la question : comment, ainsi qu'il est arrivé, le même SS pouvait-il écouter Mozart l'après-midi et torturer le soir venu ? C'est toute la culture, particulièrement européenne, et précisément dans sa relation à la transcendance, qui se retrouve interrogée en sa destinée. Trilingue de naissance, maître de lecture, commentateur de la bibliothèque occidentale, témoin de la judéité disparue de la *Bildung,*

Steiner déclare lui-même être venu au monde dans « les temps de l'inhumain ». Rien, pour lui, ne peut remplir le vide abyssal de la Shoah qui montre d'abord la vacuité divine. S'il peut dénoncer la généalogie proprement allemande du nazisme, par exemple de la germanité d'un Heidegger, c'est le christianisme que Steiner a en vue. À la question de savoir pourquoi les Juifs ont refusé de voir en Jésus de Nazareth le Messie attendu, et sans méconnaître l'ensemble des réponses historico-critiques, il privilégie celle d'un choix délibéré : les Juifs ont préféré la curiosité, la turbulence, le nomadisme qui constituent le secret de leur être à la certitude, l'ennui, la fixation que représentait la réalisation du messianisme. Du coup, ce « non » devient la source de la haine chrétienne du Juif. Double haine. La haine de soi parce qu'ils sont convertis et haine des témoins juifs de leur conversion. Hors de cette genèse théologique, selon lui, la Shoah reste impensable. Paul, et Augustin, Luther, Barth, Maritain, à sa suite, feraient ainsi du Juif la rançon d'une humanité que, par son refus, il tiendrait en otage. Le Juif, de son côté, exerce une « pression psychologique intolérable sur la conscience occidentale », et ce triplement : par son monothéisme aussi abstrait qu'implacable où le Saint des saints se découvre effroyablement vide ; par le judaïsme latent et récurrent au sein du christianisme ; par le messianisme marxiste (égalitaire) qu'il faut considérer, selon Steiner, comme un « judaïsme impatient ». La conjonction entre cette haine, cette pression, et les éléments ténébreux de plusieurs siècles d'oppression lui fait établir une « symétrie entre l'éclipse du Golgotha et le trou noir dans l'histoire de la Shoah ». La seule issue est l'évasion commune, du juif et du chrétien, de l'horizon messianique, leur réciproque « abdication messianique ». Car, si le Messie venait, dit Steiner, il faudrait lui déclarer : « Il est trop tard pour toi. »

Une solitude sans fin

La position d'Emil Fackenheim, l'auteur de l'œuvre juive la plus ouvertement théologique fondée sur l'unicité de la Shoah, est à plus d'un titre éclairante. S'appuyant sur Spinoza et Rosenzweig, mais pour les dépasser, recourant à Heidegger, mais en le détachant de son contexte d'avant-guerre, Fackenheim considère que la centralité de l'holocauste fait que Dieu est moins « mort » que

« dessaisi » de l'histoire dans laquelle, désormais, le Juif est appelé singulièrement à résider. Auschwitz apparaît à la fois irréductible à tout effort de pensée et devant gouverner tout essai de pensée. Les certitudes religieuses anciennes ne sont plus de mise, mais la révélation se continue avec l'affirmation moderne d'une transcendance ayant un pur horizon sécularisé. Par l'épreuve de l'anéantissement, le Juif se retrouve dépositaire de l'ouverture à l'« existence authentique » que réclamait Heidegger et qui rejoint l'obligation biblique à la vie. Mais, désormais, en raison de l'holocauste, cette projection restera toujours fragmentaire et inachevée — ce qui vaut, aussi, aux yeux de Fackenheim, pour l'État d'Israël.

Éloge du mystère

Je saisis profondément, et de l'intérieur, cette démarche de l'esprit qui cherche une rationalité du monde dans sa divine nécessité. Et je comprends ces penseurs angoissés qui ont cherché en somme à apprivoiser la Shoah. Je dirai même, et j'aurai l'occasion d'y revenir que, dans une certaine mesure, mes maîtres à penser en islam, ceux que je me suis choisis aux moments de la décolonisation et de l'émergence de l'arabo-islamisme, m'ont déçu quand ils m'ont paru passer à côté de la confondante singularité de l'histoire juive et de la spécificité de sa survie. S'il est une histoire qui peut faire basculer dans le sacré ou la mystique, c'est bien celle-là.

Il faudrait être privé de tout sens épique ou, comme disait Malraux, de toute « antenne cosmique » pour ne pas se sentir concerné par le mystère juif — au moins autant que par le miracle grec. Soulignons-le au passage, pour moi, le mot « mystère » est le mot-clé. Dans la mesure où l'on prétend dompter, réduire, c'est-à-dire appauvrir ce mystère dans une définition, alors les clartés qu'on lui découvre me deviennent inacceptables. La nécessité (l'obligation) de respecter et de conserver son mystère à l'Holocauste peut ne pas se traduire par un renoncement à toute élucidation de ses conditions d'émergence. L'important est qu'on ne prétende pas banaliser l'exceptionnel ou l'unique en élaborant une doctrine de la barbarie qu'il conviendrait d'observer pour en faire l'économie dans les siècles à venir.

Eichmann à Jérusalem

Reste que, partout, au fil du temps, une mémoire spécifiquement juive, centrée autour du génocide, va se développer, comme l'analyse Peter Novick dans un ouvrage important, *L'Holocauste dans la vie américaine.* Le processus qu'il décrit, les étapes qu'il repère valent tout autant pour la France, l'Allemagne et Israël. D'abord la guerre, pendant laquelle le sort spécifique des Juifs n'est pas perçu comme tel — on lutte contre l'envahisseur allemand et non contre l'exterminateur des Juifs. Bien des « Français libres » réagiront ainsi dans les rangs de l'armée Leclerc ! Puis le silence de l'après-guerre qui ne sera rompu véritablement qu'en 1961, avec le procès Eichmann. C'est « à cette occasion, écrit Novick, que l'Holocauste fut présenté pour la première fois au public américain comme une entité distincte — et distinctement juive ». Au public américain mais aussi au reste du monde, telle était d'ailleurs la volonté de Ben Gourion. Viennent ensuite les guerres des Six Jours (1967) et de Kippour (1973) qui marquent une inflexion dans la conscience juive jusqu'à l'appel obsessionnel de ces dernières années, au devoir de mémoire.

Les choses sont devenues incroyablement lourdes d'ambiguïtés lorsque l'État d'Israël a décidé d'organiser ce procès. Pourquoi le procès de ce bourreau, de cet exécuteur des Juifs, des populations juives — formule qui est le fruit d'une décision sémantique : je ne parle pas de peuple mais de populations —, se déroule-t-il cependant à Jérusalem, capitale d'un État retrouvé après plus de deux mille ans ? Lorsque cela a lieu, les objections, à ma grande surprise, sont peu nombreuses, même s'il faut faire un sort aux considérations formulées par Karl Jaspers. Dans une lettre adressée à Hannah Arendt, qui se rendait à Jérusalem pour suivre le procès pour le *New Yorker*, en décembre 1960, le philosophe allemand observait qu'« Israël n'existait même pas lorsque les meurtres ont été perpétrés. Israël n'est pas le judaïsme. [...] Le judaïsme est plus que l'État d'Israël, il ne lui est pas identique. Si Israël était perdu, le peuple juif ne serait pas perdu pour autant. Israël n'a pas le droit de parler au nom du peuple juif tout entier ». À quoi Hannah Arendt répond : « Israël n'a peut-être pas le droit de parler au nom de tous les Juifs du monde. [Mais] j'aimerais bien savoir qui aurait en fait le droit de parler pour les Juifs comme juifs au sens politique du terme. Il est vrai que de nombreux Juifs ne veulent pas être représentés comme juifs, ou alors simplement sur le plan religieux. Israël n'a pas le droit de parler au nom de ceux-ci. Mais les autres ? C'est la seule instance politique que nous possédions. Elle ne me plaît pas particulièrement mais je n'y peux rien. Israël a en tout cas le droit de parler au nom des victimes parce que la plupart d'entre elles (300 000) vivent actuellement en Israël comme citoyens. Le procès a lieu dans le pays où séjournent ceux qui sont concernés et ceux qui ont survécu par hasard. Vous dites qu'à l'époque Israël n'existait pas encore. Mais on pourrait dire que c'est pour ces victimes que la Palestine est devenue Israël. »

Comme le rappelle Henry Rousso, « Israël s'est d'abord construit contre l'image du Juif victime ». L'historien observe que ce sont les « jeunes Israéliens nourris d'une nouvelle tradition militaire, et découvrant, incrédules, à travers le procès Eichmann, l'incroyable machinerie nazie » qui poseront la question de la prétendue « passivité » des Juifs devant le nazisme.

Rappelons également avec Hannah Arendt que Ben Gourion n'a jamais vraiment pris la mesure du génocide au point de voir dans le national-socialisme le choc salutaire qui provoquerait une grande vague migratoire juive vers la Palestine. Rappelons encore la crainte de Hannah Arendt de voir le procès Eichmann transformé par le chef sioniste en arme de propagande tendant, *in fine*, à prouver, au monde entier, qu'« un Juif ne [peut] vivre honorablement et en toute sécurité qu'en Israël ». À ce titre, le procès Eichmann marque un tournant.

Mémoire et Histoire

L'État hébreu entend, désormais, prendre en charge la mémoire de toutes les populations juives, de toutes les diasporas. L'historicisme sioniste consistera, comme l'a souligné Saul Friedlander, à intégrer Auschwitz « dans la séquence historique des catastrophes juives débouchant sur la naissance rédemptrice d'un État juif », et Israël s'appropriera le massacre des Juifs et en fera, précise Henry Rousso, « un élément de légitimation politique ».

Avec la prétention nouvelle à se faire le gardien de la mémoire du génocide, la liaison est faite entre Israël, donc le sionisme, et l'ensemble des Juifs. À partir de ce moment-là, nous avons affaire à un État comme les autres qui prétend gérer la mémoire d'un peuple qui n'est pas comme les autres. À partir de cette dialectique conflictuelle, le jeune État va avoir tendance à jouer sur plusieurs tableaux. Quand il se conduit comme un État, on dit que ce sont les intérêts d'État ; s'il sort du comportement admis par les autres États ou de la règle universelle, il invoque la mémoire dont il a la charge. Et d'ailleurs sa grande difficulté sera d'en convaincre les voisins, les rivaux, les partenaires. Comment des victimes pourraient-elles voir dans leurs bourreaux des victimes ? C'est pourtant essentiel. Edward Saïd, écrivain chrétien palestinien, décédé à New York le 25 septembre 2003, qui jouit depuis longtemps d'une grande audience et d'un vrai prestige dans les milieux palestiniens musulmans, a fait, un jour, dans un article de la *New York Review of Books* (repris dans *Le Monde diplomatique*) la leçon aux siens. Il leur a dit : Si vous n'essayez pas de les comprendre (en parlant des Juifs), comment voulez-vous qu'ils nous comprennent ?

Le débat va se révéler dominant et parfois passionnant. Paul Ricœur s'est vu reprocher de se faire l'historiographe de la barbarie lui conférant, malgré lui, mais de ce fait, une dignité idéologique et trahissant ainsi le *devoir de mémoire*. C'était parfaitement injuste et il a protesté contre cette accusation avec une douloureuse pertinence. Le métaphysicien protestant, très proche du Juif Levinas, a eu pourtant du mal à refuser le conflit entre la mémoire du génocide comme crime et son histoire comme événement. Accepter l'une aux dépens de l'autre, c'est finir par sacraliser le crime et lui donner une dimension religieuse.

De la « *Passion* » à la guerre

« Passion » d'Israël, c'est Levinas, on l'a vu, par conviction ou volonté apologétique, qui utilise ce mot chrétien en parlant du génocide. Mais la Passion, c'était la voie vers la rédemption et le salut ! Posée, imposée, écrasante, la question demeure : quel est le sens de la Shoah ? Comment penser après Auschwitz ? S'il n'y a plus de sens, que faire de l'idée de Dieu ? Et comment admettre que les sanctuaires se remplissent ? Faut-il continuer de venir en son Temple adorer l'Éternel ? Pour L'aimer ? Pour Le craindre ? Mais faire cela, c'est, par un détour, redonner un sens ! C'est s'accuser, se repentir, accepter qu'on a pu mériter cela, en ayant été infidèle à l'Alliance, à la Loi, au contrat, à toutes les promesses que les fiancés de Dieu se sont faites sur le Sinaï. Et d'où vient que les Juifs auraient jamais mérité cela ? Qu'ont-ils fait, sinon donner à l'humanité des phares et constituer le levain des nations ? Qu'ont-ils fait pour être persécutés ? Au nom de quel masochisme une autoflagellation spectaculaire et scandaleuse pourrait-elle au contraire absoudre Dieu ? N'est-ce pas une manifestation évoquant Jérémie là où on attend une révolte évoquant Job ? D'ailleurs, Dieu n'a jamais répondu de manière convaincante à Job, même si l'aspect littéraire de cette réponse atteint des sommets. Et Job s'est finalement contenté d'un poème sublime mais despotique après avoir été l'un des grands insurgés, avec Prométhée et Dédale, parmi les hommes.

En tout cas, le culte de la mémoire de cinq millions de Juifs — six, cinq, quatre, quelle importance ? — s'est organisé dans tout l'Occident. Mémoire du scandaleux martyre ou de la sanction méritée. Jusqu'à cette date de 1967, ces six jours, fameux entre tous, où Israël (l'État, cette fois) a livré une guerre menée par des Juifs au nom des Juifs et l'a gagnée. On s'est réconcilié avec Dieu. On a cessé de se repentir. Puisqu'on était victorieux, c'est qu'Il l'avait voulu. En somme, Il nous avait punis lorsque nous étions pacifiques. Il nous protégeait lorsque nous étions guerriers. L'Allemagne rasée : pire que les dix plaies d'Égypte ! Israël au faîte de sa splendeur : mieux, aussi bien que le premier Temple !

Alors l'épouvantable Shoah aurait-elle un sens caché et bénéfique ? C'est ainsi qu'ont fini par la voir, même sans le dire, même sans se le dire, certains partisans, dévots et inconditionnels de l'État juif.

IV

ISRAËL COMME VOLONTÉ
ET COMME REPRÉSENTATION

« Yahvé répondit à Job au sein de la tempête et dit :

"Veux-tu casser mon jugement, me condamner pour assurer ton droit ?" »

Job XL, 6.

Face au refus arabe

Dès le début, en 1948, les choses n'ont pas été simples. Nous vivions dans l'anticolonialisme. C'était même le tremplin et la raison d'être de la gauche occidentale comme du tiers-monde en effervescence.

En 1956, je vais en Israël pour un premier voyage et j'en reviens enthousiasmé par ma découverte des *kibboutzim*. C'était un grand rêve de pionniers de gauche. J'ai alors déjà milité, écrit, en faveur des Algériens et des Tunisiens puisque j'ai accompagné le mendésisme dans l'indépendance tunisienne. Or, curieusement, à l'époque — preuve de la difficulté qu'il y a à reconstituer ces choses-là —, personne n'a été étonné que je fisse un long reportage si positif sur Israël, au moment où c'était une parenthèse dans mon combat anticolonialiste en faveur des Arabes et des musulmans.

Et puis j'ai raconté, dans *Voyage au bout de la nation*, comment, un jour, le *leader* algérien, Ben Bella, qui avait fait de moi son ami, m'a emmené dans son premier voyage au Caire, voyage qui comptait énormément pour lui. Dans l'avion, alors que l'on survole des déserts, il me dit : « Je voulais que Nasser gagne à Suez et il a gagné, je voulais l'indépendance de l'Algérie, je l'ai eue, il reste maintenant à libérer la Palestine. » « Regardez ces déserts, vous ne croyez pas qu'il y a de la place pour tout le monde ? » lui dis-je. Réponse : « Dans un désert il y a toujours de la place ! Ma nourrice était juive. Cela n'a rien à voir, mais la Palestine, c'est autre chose, ce sont des étrangers. »

C'est ainsi que j'ai découvert le problème israélien. Ma découverte du sionisme s'est accompagnée soudain de la haine qu'il provoquait. J'avais pour ces victimes du colonialisme une sympathie, une connivence même, or elles prononçaient ce genre de propos qui non seulement me heurtaient mais m'inquiétaient.

En fait, pour ma part, pendant toute cette époque de l'anticolonialisme, j'ai follement espéré, ou je me suis pénétré de l'illusion, que le nationalisme maghrébin, moins concerné que les autres nationalismes arabes, plus éloigné qu'eux des théâtres d'opérations, mieux préparé à comprendre le point de vue occidental sur l'ambiguïté israélienne, et qui, enfin, s'est souvent montré extrêmement sévère à l'égard de la Ligue arabe, apporterait une note d'ouverture et d'espérance œcuménique. Je compte alors sur les Tunisiens, les Marocains, les Algériens. Je ne suis d'ailleurs pas le seul. Il y a aux *Temps modernes*, par exemple, de vigilants amis d'Israël qui ont pris parti contre la guerre d'Algérie — Sartre lui-même et Claude Lanzmann — et même de vrais sionistes. Je me souviens aussi que, pendant les négociations d'Évian avec le FLN, le socialiste Gaston Defferre publie, dans *Le Monde*, une tribune dans laquelle il adjure les futurs responsables de l'État algérien de faire preuve de « bienveillance et de réalisme » à l'égard du jeune État juif. Au Caire, un jour, visitant les *leaders* de la révolution algérienne qui s'y étaient repliés, j'avais avancé l'idée, devant Ferhat Abbas, que les Israéliens et les Algériens avaient bien des points communs : ils étaient passés du terrorisme à la résistance, de la résistance à la révolution ; ils avaient à construire un État qui avait disparu, l'un depuis deux millénaires, l'autre depuis quelques siècles. Ferhat Abbas n'avait réagi que par un sourire, désirant probablement ne pas décevoir quelqu'un d'utile à son projet du moment, remettant à plus tard le soin de manifester son hostilité à Israël.

Encore une fois, c'était l'époque où Israël ne paraissait pas militairement invincible, était replié à l'intérieur de frontières exiguës et difficiles à défendre, et n'implorait que d'être « reconnu ». Ni Jérusalem, ni la Cisjordanie, ne faisaient partie de son territoire. La cause israélienne était parfaitement justifiable. L'intransigeance du refus arabe était, elle, plus que discutable.

En quête de la légitimité

Vite, je devais protester que le concept de colonialisme était ambigu. Je me refusais à assimiler le jeune État juif à une forme de colonisation. S'il s'agissait de la violence, aucune nation n'était née sans y avoir recours. Quant à l'exploitation des « indigènes », celle des Israéliens était alors nulle puisqu'ils cultivaient leurs terres eux-mêmes et que les ouvriers arabes étaient des volontaires très minoritaires à l'époque. Enfin, la réalité de la nation palestinienne n'était pas évidente au moment de l'arrivée des pionniers juifs. J'ai toujours été conscient du fait que le nationalisme palestinien était né, s'était développé, grâce aux Israéliens. Les Arabes n'aimaient pas qu'on le leur rappelle. Néanmoins, il y a des exceptions, notamment la représentante à Paris de l'OLP, Leïla Shahid, qui le confirme volontiers.

J'affirmais qu'il y avait un *droit* irrécusable des Palestiniens et un *fait* incontournable des Israéliens. L'ancienneté du peuplement arabe était évidente, et le lien ethnique avec les populations voisines était incontestable. Lorsque les Nations unies reconnaissent l'État israélien et décident du

169

partage, elles donnent, à une très forte majorité — observons qu'il n'y avait pas encore de représentants des pays colonisés, ce qui aurait peut-être modifié le vote —, une légalité à l'État d'Israël. Mais reste alors pour Israël de passer de la légalité à la légitimité. Et je considérais que la légitimité serait obtenue pour Israël, lorsque le fait aurait accès au droit par l'intensité de ses sacrifices et par l'acceptation des autres.

J'avais le sentiment, très vif, de chercher des accommodements avec le ciel de mes principes. Mais j'étais décidé à me battre pour ces accommodements, parce que j'étais pénétré de l'absurdité d'un conflit aussi dérisoirement territorial. En tout cas, pour les Juifs d'Israël, je voulais bien plaider coupable mais à la condition de préciser que je récusais à l'avance toute mise en question de l'État légalisé par une reconnaissance de l'ONU en 1948.

Le tournant de 1967

Un seul phénomène, mais aux aspects multiples, étranges, parfois difficiles à interpréter, a eu pour résultat une véritable transformation de l'« âme juive » — je n'hésite pas cette fois-ci à employer une expression que, par ailleurs, on le verra, je récuse. Ce phénomène, ce sont les retombées de la guerre de 1967 dont les Israéliens sortirent vainqueurs. Des retombées incalculables sur le jeune État hébreu, sur les Palestiniens, les Arabes, et le Proche-Orient entier. Mais aussi sur les Juifs aux quatre coins du monde, particulièrement en Europe, en France, et en fait sur le monde lui-même.

En premier lieu, la victoire israélienne a intensifié les liens de la nouvelle Jérusalem avec la diaspora, a fait revivre le judaïsme dans les milieux déjudaïsés ou, ainsi qu'on prétend ne plus dire aujourd'hui, « assimilés », et a favorisé un grand repli sur le religieux et le spirituel. On ne voit pas pourquoi les Juifs seraient demeurés à l'abri des immenses mouvements de pensée, à vrai dire des lames de fond, qui portent l'humanité à la tentation de se détourner de la Raison au profit de l'Esprit et des philosophies de l'Histoire au profit de la morale. Ce n'est pas le lieu ici de s'interroger sur les avatars de la Raison même si, au passage, j'aurais à dénoncer les recours inconditionnels à des religions dont on accepte ce qu'on avait décidé de refuser aux idéologies.

Ce qui est le plus consternant, c'est que ces régressions sont acceptées par des esprits estimables et sérieux au nom de la fameuse affirmation de l'identité. J'ai suivi, comme tous mes contemporains, le chemin qui va jusqu'à la recherche des racines. J'en ai éprouvé le besoin au point d'en faire la trame d'un livre, *Voyage au bout de la nation*. Mais je ne puis admettre pour autant toutes les sottises qui s'écrivent et tous les crimes qui se commettent au nom de cette identité. D'abord, de quoi s'agit-il ? De quelle sorte d'identité ? Celle qui évoque la question, fameuse : « Dis-moi quel est ton pays, ta famille, dis-moi quelle est ta loi ? » Au nom de quoi décider ce qui définit un peuple ? Et qui pourrait prétendre le faire ? On a envie ici de se souvenir que l'Histoire et l'identité sont des mythes reconstitués. La première n'est rien d'autre que de la poésie, selon Paul Valéry. La seconde, pour Jean-Pierre Vernant, n'est qu'une construction variable et utilitaire.

Centralité de la terre ?

L'idée, aujourd'hui, est répandue comme une évidence selon laquelle l'appartenance à la terre d'Eretz Israël et à l'État d'Israël constituerait une composante essentielle de la judéité. Non pas de la religion, non pas de l'espérance messianique, non pas d'une branche du judaïsme, mais du fait même de l'existence et de l'être juif. C'est seulement grâce à cette affirmation, érigée en dogme, que l'on confond antisionisme et antisémitisme, que toute contestation à l'égard des citoyens de l'État israélien devient une injure contre les peuples des diasporas, et que l'on assigne des fonctions particulières mais totalement complémentaires aux Juifs qui vivent en Israël et à ceux qui vivent en « exil ». Cela va très loin dans la mesure où chaque Juif est sommé de sentir et de manifester sa solidarité avec un État différent de celui dans lequel il a choisi de faire sa vie, et qui d'ailleurs peut se trouver par moments en conflit avec lui.

Or il s'agit bien d'une innovation depuis la destruction du second Temple, et cette innovation est énorme. Pendant plus de deux mille ans, les Juifs n'ont pas pensé à lier leur destin à celui d'une terre, et encore moins d'un État. Sans doute les Juifs religieux psalmodient-ils dans leurs prières l'espérance de vivre « l'an prochain à Jérusalem ». Sans doute rêvait-on, parfois, de faire une sorte de pèlerinage sur cette terre, qui d'ailleurs n'était sainte que parce qu'elle permettait d'y pratiquer la sainteté. Sans doute la splendeur des royaumes de Judée et des légendes qui l'accompagnent faisait-elle rêver. Sans doute lisait-on dans le Talmud de Babylone que « celui qui n'a pas de sol n'est pas un homme », mais l'idée que le destin juif ne pourrait s'accomplir qu'en Israël, si naturelle qu'elle puisse être devenue aujourd'hui, était quasiment aberrante avant la naissance de l'État d'Israël, même avant les victoires de 1967 et la réunification de Jérusalem.

En effet, « selon une tradition du judaïsme médiéval, rapporte G. Bensoussan dans son *Histoire politique et intellectuelle du sionisme*, la sainteté de la terre d'Israël exige de ses habitants un haut niveau de spiritualité. Car cette terre n'est le lieu d'aucun peuple, c'est la terre habitée de Dieu, c'est le lieu naturel de la vertu, la résidence de l'Éternel ». Et Maimonide, dans son *Livre des commandements*, ne fait nullement de l'obligation de résidence en Terre sainte l'une des six cent treize prescriptions fondamentales de la Loi juive. Seule l'étude de la Torah importe, l'amour de la terre est secondaire.

On a vu que dès le départ la création *ex nihilo* du peuple juif et son Élection ont été accompagnées de la promesse de cette Alliance faite par

Dieu d'installer le peuple élu dans une terre élue. Dès « l'origine » Dieu a promis une terre, laquelle s'est d'ailleurs appelée « promise ». Mais, avant de s'interroger sur la fonction d'un espace territorial et sur le rôle que ses habitants devraient y jouer, il faut noter que l'oubli de cette promesse pendant deux mille ans a laissé à d'autres, en l'occurrence aux Arabes, une possibilité d'enracinement dont la durée correspond à une réappropriation légitime. Il faut ensuite noter que ce n'est pas en souvenir de la promesse que l'État d'Israël a été créé. Et c'est très opportun de souligner que ce dont on fait une loi aujourd'hui n'a été qu'une éventualité hier.

Rabbins et sionistes

Aux débuts du sionisme, les uns veulent faire un État comme les autres n'importe où dans le monde. La plupart des projets, en effet, ne distinguent pas entre la terre d'Israël et un autre territoire. Certains sionistes, soucieux précisément de se libérer du judaïsme, du « fardeau religieux » qu'il représente, et impatients de bâtir une société sécularisée, vont jusqu'à exclure l'idée d'une installation en Israël. Les autres ne désirent que retrouver ou s'inventer des racines. De passionnés et passionnants débats ont ainsi illustré la grande interrogation sur la fonction d'un territoire israélien. Mais, redisons-le, on ne peut transformer en absolu identitaire ce qui n'a été qu'une occasion circonstancielle construite par l'Histoire et fournie par la Providence. Il s'est même trouvé des groupes religieux pour estimer que Dieu ne pouvait pas avoir offert une terre où l'on devait faire autre chose que prier pour louer Sa puissance et Ses vertus.

Certains se feront même les contempteurs de la revendication d'une existence nationale pour le peuple juif. Ainsi, le rabbin de Vienne, Moritz Guedemann, accuse le sionisme de ramener la foi juive aux dimensions d'un simple particularisme, de réduire le judaïsme à un fait national quand il est voué à l'universel. Le sionisme représente, pour lui, une « régression spirituelle » : les Juifs s'étaient épargné, grâce au refus de la violence et du sang versé, inscrit au cœur du judaïsme, de sombrer dans l'idéologie nationaliste. La pérennité du peuple juif procédait très exactement de ce qu'il s'était toujours tenu à l'écart, de ce qu'il avait toujours privilégié l'humanité contre l'enracinement, l'universel contre le particulier.

L'hésitation de Herzl

Dans son livre, Theodor Herzl n'avait pas tranché la question de savoir si le retour à Sion s'imposait ou non. Pendant plusieurs années, elle restera pendante. L'urgence était, pour Herzl mais déjà pour Pinsker, d'obtenir un territoire : « Possible que la Terre sainte devienne notre propre terre. Ce serait tant mieux. Mais ce n'est pas l'essentiel, analyse l'auteur de *L'Auto-Émancipation* : il s'agit, avant tout, d'examiner où est le pays susceptible d'offrir aux Juifs de toute provenance, forcés de quitter leur pays d'origine, une possibilité d'accès et de refuge. » Au cours du premier Congrès sioniste qui se tient à Bâle en 1897, sous la présidence de Herzl, s'affrontent les tenants exclusifs de la terre d'Israël et ceux que l'on appelle les « territorialistes », pour lesquels la question importe peu. Au terme du congrès, tous néanmoins s'accordent sur le choix de la Palestine comme lieu de l'implantation juive.

L'apaisement n'est toutefois que provisoire puisqu'en 1903 la question resurgit à la suite des nouveaux pogroms perpétrés en Russie. Le ministre des Colonies britannique, craignant une nouvelle vague d'immigrants juifs, propose alors à Herzl l'Ouganda. Fidèles à Sion et partisans de la solution africaine s'opposent avec la plus extrême vigueur. Herzl se montre favorable à l'Ouganda mais en tant qu'étape sur le chemin qui mène à Jérusalem. L'enjeu est de taille : s'agit-il de reconstruire Sion ou bien un État des Juifs, un État pour les Juifs ?

La question s'est donc posée et, quand elle a été résolue, c'est avec l'idée, en effet, qu'il était difficile de créer un foyer simplement négatif, fruit de la persécution des autres et ayant pour seule mission la prise en main d'un destin. À ce moment, très important — car les meilleurs esprits, au long du siècle, n'ont cessé d'établir un parallèle entre Israël et les États-Unis —, les fondateurs se sont ralliés à un projet contraire à celui de l'Amérique. La majorité du Congrès sioniste adopte l'idée d'un réenracinement. S'appuyant sur une double légitimité, l'une liée à la réaction face à la persécution, l'autre, à la fidélité à des racines. Attitude contraire à celle des pionniers américains. Pourquoi ? Parce que les Pilgrim Fathers ont l'ambition de créer quelque chose d'absolument neuf. Ils partent à la conquête du

Nouveau Monde. Les Israéliens, eux, ne construisent pas la nouvelle terre. Ils exhument le vieux rêve.

De l'isolement à la régénération

Mais si l'on s'accorde à penser qu'il ne saurait y avoir de sentiment d'appartenance nationale sans enracinement, alors n'y a-t-il pas quelque nécessité pour les Juifs de s'installer en Palestine ? Où le peuple juif peut-il satisfaire son besoin de racines sinon sur la terre dont parlent la Torah et la Bible ? C'est la question, en forme d'objection, qui oppose Georges Bensoussan aux sionistes territorialistes. Recensant avec objectivité toutes les positions contradictoires de ce grand débat, il ne peut toutefois s'empêcher de reprocher à Pinsker, ou à Herzl, d'avoir sousestimé la force du lien particulier qui unit les Juifs à la terre d'Israël, d'avoir méconnu « le rôle central joué par la terre d'Israël dans l'imaginaire du peuple juif ». Une autre terre n'évoquerait rien. Si Herzl était « compétent sur la question de l'État », conclut Bensoussan, de toute évidence il « l'était moins sur celle de la nation ».

Cette idée « nationale », Zéev (Vladimir) Jabotinsky va s'en faire le théoricien systématique. Au Congrès sioniste, il se décrit lui-même comme le défenseur de la doctrine du « splendide isolement ». Ce qui donnera lieu à une vive discussion avec Theodor Herzl. Jabotinsky, qui décédera réfugié à New York en 1940, développe une conception du sionisme qui est celle de la différence assumée, de la solitude brandie et même de la persécution acceptée. Jabotinsky est d'avis que la mission confiée aux Juifs, mission dont ils doivent témoigner à l'intérieur de cette terre et non en diaspora, ne peut être remplie que dans l'impopularité, voire dans l'hostilité. Non seulement nous savons que nous serons haïs de tout le monde, mais nous le devons. C'est à l'intérieur de cette hostilité identitaire que nous allons être nous-mêmes.

L'objectif des fondateurs de l'État d'Israël sera néanmoins, initialement, de se faire admettre par les autres. Ben Gourion dira : « Nous ne serons pas un État comme les autres sans voisins qui admettent notre existence. » Jabotinsky, par avance, dit non — et son disciple aujourd'hui pourrait bien être Ariel Sharon, bien que ce dernier se soit prétendu fidèle à Ben Gourion. Il y a une sorte de compromis incompréhensible entre l'universalité supposée du message juif que l'on croyait irrécusable et la solitude brandie de l'élection juive qui ne peut se réaliser que dans la gloire des vainqueurs ou la souffrance de la malédiction.

La vie de Jabotinsky est d'ailleurs placée sous trois signes majeurs qui animeront l'existence d'Israël : la sécession, la lutte armée, les symboles concrets d'identité. Toute la théorie et toute l'action de Jabotinsky, substituant à la logique du droit le fait révolutionnaire, correspondent à un seul impératif : l'avènement immédiat d'un État juif en « Eretz Israël » par les moyens de la guerre. Mais, dans le même temps, ce militant absolutiste ne cesse d'être un homme de lettres : il sera l'un des premiers traducteurs des grandes œuvres de l'humanité en hébreu moderne. Avec lui pointe l'idée que l'identité israélienne doit aussi être une culture qui se définit, entre autres, contre l'héritage juif de la diaspora.

Plusieurs motifs, complexes, se conjuguent ici. D'une part, le sionisme se veut une rébellion contre l'état d'humiliation de l'exil. L'Israélien en armes efface le souvenir du Juif soumis et victime. Il est en fait « régénéré » selon le mythe progressiste de l'homme nouveau fortement répandu dans tous les milieux activistes du XIXe siècle. L'antagonisme culturel qui en ressort marquera l'appréhension israélienne de la Shoah jusque dans les années 1960 (le procès Eichmann) et l'appréhension diasporique d'Israël jusqu'en 1967 (la guerre des Six Jours). Il sera dépassé, au profit du sionisme, après les années 1970 pour donner la vision dominante d'aujourd'hui, à savoir le sentiment d'avoir renoué avec une « Histoire sainte » ou encore l'« Élection ». D'autre part, pour que l'Israélien soit vraiment le Juif « régénéré », le réenracinement dans la « Terre promise » s'avère indispensable afin que l'état de diaspora n'apparaisse que comme une parenthèse entre une indépendance perdue et une indépendance retrouvée. À rebours du mythe progressiste de la régénération, tendu vers l'avenir, la Bible offre un mythe généalogique de l'âge d'or, dynamisant le passé. Il en résulte une centralité de la Terre sainte dont la réappropriation devient la condition de la régénération. La vision conservatrice, révolutionnaire et autoritaire de Jabotinsky, pour dangereuse qu'elle apparaisse sur la présente scène israélienne, n'en a pas moins modelé les mentalités.

Des philosophes prophètes

C'est tout autrement que Martin Buber développe l'idée qu'il existe un lien inextricable entre la mission confiée au peuple juif et la terre d'Israël. Les Juifs ne peuvent accomplir la mission morale qui leur a été confiée que sur la terre de leurs ancêtres, mais cette terre ne peut être qualifiée de terre des ancêtres que pour autant qu'elle devient le théâtre de leur mission morale. « À aucun moment de l'histoire d'Israël, écrit-il en 1944, le pays n'a été la propriété exclusive du peuple ; celle-ci s'accompagnait toujours de l'exigence d'en faire ce que Dieu voulait qu'elle fût. C'est ainsi que le lien particulier de ce peuple et de cette terre se présente, d'emblée, sous le signe de ce qu'elle doit être, de ce qui doit s'y faire, de ce qui doit y être accompli. Le peuple est incapable d'atteindre à cet accomplissement sans sa terre, et la terre ne peut l'atteindre sans ce peuple : seul le lien de la foi mutuelle peut les y mener. » Et le peuple et la terre ont été élus, comme il l'écrit dans *Sion et l'idée de nation*.

L'installation des Juifs en Palestine n'a de sens et de légitimité que s'ils s'assignent pour tâche de construire une société plus juste, s'offrant ainsi en modèle au reste de l'humanité, ouvrant la voie à un monde plus juste. L'État juif se doit d'être un *État témoin* selon la formule de Buber écrite juste après l'horrible carnage qu'a été la Première Guerre mondiale. C'est pourquoi Buber peut affirmer, sans contradiction, que le « droit historique » est une chimère, que le droit des Juifs ne prend pas sa source dans quelque antériorité historique. Reste que Buber ne cessera de mettre les Juifs eux-mêmes en garde contre une dérive nationaliste du sionisme. L'obsession de la normalisation charrie avec elle le risque de succomber à l'idolâtrie de la nation.

Dans le droit fil de cette résistance prophétique des philosophes juifs, Emmanuel Levinas se montrera plus méfiant encore à l'égard de ce souci d'enracinement, de ses dérives possibles. D'autant que cette notion lui semble particulièrement étrangère au judaïsme. « Le judaïsme a toujours été libre à l'égard des lieux. » Or « la liberté à l'égard des formes sédentaires de l'existence est, peut-être, la façon humaine d'être dans le monde... Cette liberté met au deuxième plan les valeurs d'enracinement et institue d'autres formes de fidélité et de responsabilité » qui n'en sont pas moins fortes.

Rien, pour Levinas, n'est plus dangereux que le « génie des Lieux », ce génie qui nous séduit pour nous faire préférer les paysages, les architectures, au visage de l'autre homme. Ce génie qui nous attache à « toutes ces choses lourdes et sédentaires qu'on est tenté de préférer à l'homme ». Levinas n'a de cesse, comme le rappelle Alain Finkielkraut, d'interpeller « ceux des Israéliens et des sionistes qui confondent le sionisme avec une quelconque mystique de la terre comme terroir ». Mais décidément aussi contradictoire que les autres, Levinas affirmera — on l'a vu plus haut — qu'après la Shoah Israël aurait besoin d'un État-nation lequel ne pouvait se trouver qu'en Palestine.

Apories obsédantes

C'est ici que réapparaît le concept d'Élection, d'autant plus ambigu et dangereux qu'il entraîne celui d'une Alliance, laquelle implique l'obligation pour Israël de s'enraciner dans une terre étrangère. En effet, dès qu'il s'agit du lien supposé inextricable du peuple d'Israël avec sa terre et même de l'incapacité où le judaïsme serait de s'épanouir en dehors d'Israël — ce qui est cruel pour un certain nombre de prophètes —, il devient très difficile d'infléchir, de corriger, de nuancer entre la grâce octroyée et la vertu à mériter. Ou bien la collectivité se constitue en peuple parmi d'autres peuples, en nation parmi d'autres nations, l'un et l'autre se faisant admettre dans la communauté environnante, ou bien il s'agit du rassemblement des Juifs à l'intérieur d'un État qui a, répétons-le, des raisons d'État, des secrets d'État, une armée, une diplomatie, des frontières à défendre, une pureté ethnique à sauvegarder et alors cet État est, par définition, dans l'impossibilité d'être fidèle à l'Élection.

Or les Israéliens peuvent bien être d'accord sur la Bible comme référence d'identité. Mais, dès lors qu'ils confondent, comme en islam, spirituel et temporel, alors ils ne trouvent dans les textes sacrés que les contradictions les plus criantes. On trouve tout et son contraire. Une aubaine, pour les conflits entre docteurs de la Loi. Un jour que je m'ouvrais de mes impatiences devant l'helléniste Jean-Pierre Vernant, il me répondit que tous les hommes — à l'instar de « ses » Grecs — recherchent dans leur passé non pas tant une affirmation de l'identité qu'une mythologie collective. Ce qu'on appelle les racines n'est souvent que les intensités des croyances communes. Parce qu'elles sont intenses, parce qu'elles sont communes, elles sont dotées d'une force dont on a la nostalgie et qu'on voudrait retrouver.

Si, dans cette perspective, les Israéliens ne cherchent, consciemment ou non, qu'une mythologie utile à leur projet, alors il faut, en effet, qu'ils se décident, et nous avec eux. Quelle mythologie ? Celle de quel moment ? Celle pour un pays comme les autres ou pour le peuple élu ? L'Élection pour le grand Israël du Dieu des armées ou la mission du peuple parfois errant, parfois enraciné, mais toujours et sans cesse témoin de l'universel ? Peut-on faire payer à des innocents le prix de la plus terrible persécution depuis la naissance du monde ? Les nouveaux persécutés, ou les nouvelles victimes devenant, à leur tour, témoins contre Israël ? Ou bien, au contraire, les survivants du génocide, leurs héritiers, doivent-ils se transformer en contestataires mobilisés contre toute violence, où qu'elle apparaisse, quels qu'en soient les auteurs, même et surtout si les victimes de cette violence ne sont pas juives ? Est-ce que le message véritable du génocide n'est pas que ceux qui en ont réchappé proclament avec le Livre : « Si la violence répond à la violence, quand la violence cessera-t-elle ?... »

La déjudaïsation selon Josué

C'est donc une terrible contradiction que de donner une terre tout en exigeant l'exemplarité. L'invention de l'enracinement territorial de la promesse est une chose effroyable. Dieu lui-même trouve risqué cet enracinement. Il dit à Israël : « Je vais te *prêter* cette terre. » On remarquera que ce peuple de prêtres et de témoins est conduit par Josué. Si l'on accorde la prophétie à Moïse, on en laisse la réalisation à Josué. Josué est un guerrier, un chef de guerre, il va conquérir la terre de Canaan. Et, à ce moment-là, il ne se conduit ni en témoin ni en prêtre. Si bien que l'on peut se demander si la déjudaïsation originelle ne commencerait pas avec Josué.

À peu près tous les problèmes qui concernent la survie de l'État d'Israël tournent autour de l'usage de la violence, de sa justification, de son dosage, de ses retombées. C'est, fera-t-on observer, l'affaire de chaque État, et notamment de chaque jeune État. Assurément. On peut avancer que tous les pays révolutionnaires ont à se poser le problème de la fin et des moyens, de la trahison des principes pour la conservation de l'existence, ou de la liberté qu'il convient de refuser aux ennemis de la liberté. Mais, d'une part, ce que nous avons fini par ne plus admettre pour les États qui se définissaient comme « révolutionnaires », on ne voit pas au nom de quoi on l'admettrait d'un État comme Israël. Et, d'autre part, dans la mesure même où cet État ne prétend pas seulement, ce qui est déjà hautement discutable, retrouver une patrie perdue il y a deux mille ans, mais également s'enraciner dans le pays de la Bible pour continuer à porter témoignage du message biblique, alors on est en droit d'être à son égard plus exigeant qu'il ne semble l'être pour lui-même. Comme le dit Pierre Vidal-Naquet : « Le paradoxe d'Israël est qu'il est à la fois l'accomplissement d'un rêve de normalisation — avoir enfin, comme les autres, des douaniers, des prisons et des juges pour remplir ces prisons — et l'incarnation d'un très vieux messianisme visant à créer une cité juste. Moi-même je sens quelque chose de cela, et, pour donner un exemple clair, un tortionnaire israélien [...] m'indigne plus profondément encore qu'un tortionnaire français. » L'État d'Israël est un État, et l'on n'aura jamais fini de le définir comme tel. Or il faut savoir ce que c'est qu'un État, il faut relire les pages de Hegel là-dessus. Un État est un monstre froid qui n'a pas d'alliés et qui n'a que des intérêts. Cet État, parce qu'il est un État, est comme les autres. Israël ne peut, en même temps, demander ici d'être traité comme tous les pays en guerre ou en conflit et là différemment de ces autres pays.

Cause contre cause

Souvenons-nous : héros et saint tout à la fois, c'est le seul sens de l'Élection. Dans les *kibboutzim*, au temps des pionniers, les incroyants en étaient persuadés. Ce sentiment qu'il fallait constamment mériter la terre retrouvée pour assurer l'émergence de Juifs nouveaux était fièrement affirmé. Comment ce sentiment a-t-il disparu ? D'abord par l'héritage d'une superbe occidentale et socialiste. Certains des fondateurs d'Israël se considéraient aux avant-postes de la civilisation occidentale. Ils entendaient réaliser les valeurs du progrès et de la justice. On peut voir la trace de cette stupéfiante bonne conscience dans plus d'un écrit officiel — et dans l'analyse de maints comportements. Cela consiste à décréter que les Arabes ne pouvaient que profiter du retour des Juifs dans la patrie de leurs ancêtres. Car ils pourraient retrouver ainsi leur propre civilisation affaissée ou perdue.

C'était compter sans de nombreux facteurs, dont celui de la religion. On m'a reproché de suivre l'actualité en « psychologisant » ou même en « spiritualisant » mon approche du conflit israélo-arabe. J'ai voulu en effet relativiser (sans nier) ici toute intervention de l'économique et du stratégique au profit du religieux.

L'évacuation du religieux est sans doute une réaction répandue dans les milieux rationalistes de la fin du XXe siècle. C'est ce qui a souvent, je l'ai indiqué, conduit les commentateurs extérieurs à réduire le destin juif à un ensemble de réactions contre l'antisémitisme. On expliquait de même le fameux « refus arabe », constamment opposé aux Israéliens, et si finement cerné, dès son origine, par Maxime Rodinson, par la seule volonté des indigènes de Palestine de lutter contre une dépossession terrestre. Ce recours au rationnel n'avait sans doute pas lieu sans malaise puisque les Israéliens spiritualisaient le choix du lieu de leur implantation tandis qu'en réaction les Arabes n'avaient pas hésité à poursuivre de leurs imprécations les infidèles justiciables de la guerre sainte.

Nous nous disions que les survivants des camps de la mort n'avaient recours à l'Histoire que pour légitimer leur jeune État. Pour dignifier cette terre trouvée, il fallait la décréter re-trouvée. Quant aux Arabes, leur racisme ne pouvait être que de circonstance et d'emprunt : il n'avait pas de signification historique. L'une et l'autre chose était vraie d'ailleurs dans chaque cas. Mais l'explication en était tristement partielle. C'était cela, mais ce n'était pas que cela, or nous avions besoin que ce ne fût que cela. Nous nous résignons mal, observe Tocqueville, à la pluralité des causes en histoire. Les passions ont besoin d'un objet unique pour se fixer. Cela était plus vrai ici qu'ailleurs. On ne pouvait imputer au hasard le projet israélien de créer en Palestine d'abord un État-refuge puis, comme aiguillonné par le refus arabe, *Eretz Israël,* le Grand Israël. On ne pouvait imputer à la seule autodéfense ce rassemblement arabe que la violence israélienne favorisait et qui se trouvait soudain une référence dans le sacré.

Le renversement

Il faut donc accepter l'idée que le sionisme est un mouvement de libération qui a été perçu comme un phénomène de colonisation. Il ne s'agit pas ici d'un jugement. Et surtout pas d'une interprétation subjective ou partisane des verdicts de l'Histoire. Il n'est question simplement que d'observer, comme il est coutume de le faire dans les conflits de conjugalité, la différence radicale des vécus dans leur sincérité intense.

Un Juif, ayant échappé aux ghettos et aux camps, qui se voit comme happé, aimanté, vers la terre de légende et des mythes fondateurs, ne saurait vivre l'incroyable aventure que comme une émancipation décidée par plus haut que lui. Qu'il soit croyant ou non, et d'ailleurs sur l'essentiel les Juifs incroyants ont le même comportement que les Juifs religieux dans la conception de leur appartenance à la judéité. De manière plus ou moins obscure, tous retrouvent des liens avec l'Élection et avec son enracinement territorial en *Eretz Israël.*

Il se trouve que ce mouvement qui a pour origine l'enfer nazi et pour destin les retrouvailles avec une Terre promise s'est inscrit dans l'une des étapes les plus banales et les plus prosaïques de l'histoire de la colonisation. Partie prenante et hérauts privilégiés du génie européen, les pionniers juifs d'Israël étaient évidemment imprégnés d'une vision, au pire conquérante et au mieux protectrice, des peuples colonisés ou colonisables. Encore faut-il préciser que leur attitude, en pays étranger, était plus proche de l'indifférence britannique que de l'utopie pédagogique des Français.

Les Juifs ne se sentaient investis d'aucune mission à l'égard d'un peuple quelconque : ils avaient assez à faire avec la construction de leur État et la définition de leur identité. Ils ont été reçus non seulement comme des alliés des colonisateurs, mais encore comme des éléments qui malgré leur attachement au Livre étaient on ne peut plus étrangers au sous-continent arabe et à sa religion islamique.

Personne ne se remettra de cette tragédie initiale. Les Juifs n'ont jamais accepté de vivre une situation coloniale. Les Arabes n'ont jamais vu en eux que des colons. D'un point de vue strictement juridique, le plan de partage décidé en 1947 par l'ONU a mis fin au rapport colonisés-colonisateurs. Deux pays souverains. Deux peuples, égaux. Ni conquête ni domination. Plus rien qui ne puisse relever du phénomène colonial habituel.

À partir de là, les Juifs étaient fondés à brandir une bonne conscience de citoyens israéliens accueillis et admis par la communauté internationale. Encore fallait-il qu'ils fussent acceptés par leurs voisins. Le fait d'avoir été refusés par eux les a conduits à redevenir des Juifs comme les autres alors qu'ils voulaient arriver à être des Israéliens.

Propagande et barbarie

Fallait-il, dès lors, situer le sionisme à l'intérieur de la vaste entreprise coloniale de l'Occident et du marché ? Certains n'hésitaient pas à franchir le pas dans un radicalisme avec des outrances trop ostentatoires pour n'être pas suspectés. Le simplisme dénonciateur de ceux qui décrivaient les impérialistes américains manipulant les marionnettes sionistes et plaçant les survivants des camps de la mort au cœur du monde arabe comme les chevaux de Troie du capitalisme international, ce simplisme avait à s'accommoder de trop d'objections.

L'opposition de la Grande-Bretagne à la constitution de l'État hébreu ? Accident. Le désaveu de Roosevelt ? Diversion. L'hostilité de l'Espagne ? Avatar. Quant à l'appui décisif de l'Union soviétique et de la Tchécoslovaquie aux fondateurs de l'État juif, on refusait de l'évoquer. Bref, on s'empressait de couper toutes ces franges, ces bavures qui dépassaient du lit de Procuste des conforts anticolonialistes. On prétendait ôter la dimension juive au fait israélien et la dimension arabo-islamique au fait palestinien.

Comme nous avions besoin de ces mutilations, les protagonistes du drame, s'en apercevant, se mirent d'ailleurs à nous procurer de quoi alimenter une cause conforme à nos schémas. En fait, ce fut surtout le cas des Arabes et des Palestiniens à qui l'humiliation de défaites successives fit accoucher d'une révolution dans la révolution. Les Israéliens, pour leur part, se contentaient d'engranger les fruits de leurs victoires avant d'en devenir les prisonniers.

L'avènement de l'OLP, l'Organisation de libération de la Palestine, a été dans un certain ordre des choses aussi considérable que l'apparition du Viêt-minh, des *barbudos* cubains, et du FLN algérien. Ce sont, ce furent, des mouvements créateurs de mythes sans rapport avec leur réalité originelle, leur importance initiale. Le nationalisme arabe, sous sa forme nassérienne, avait trouvé dans la première humiliation infligée par Israël de quoi alimenter une véritable doctrine de renaissance. *La Philosophie de la Révolution*, le fameux petit livre de Nasser, c'était la redécouverte, grâce au malheur, ou plutôt la découverte puisée dans le malheur, d'un avenir possible pour la grandeur arabe. Avenir évidemment préfiguré par l'âge d'or du VIIe au XIIe siècle.

Le nationalisme nassérien qui se déployait au Caire dans les formes adaptées à un pays qui entendait jouer un rôle international utilisait pour sa propagande anti-israélienne un registre moins reluisant, et même parfois franchement infâme. Il était difficile pour la gauche européenne ou africaine la plus proarabe de se sentir exprimée par les émissions de *La Voix des Arabes* de la radio étrangère égyptienne ou par les propos stupéfiants de vulgarité haineuse d'un *leader* comme le sinistre Choukeiry. Tito et Nkrumah, éminences dans le club des non-alignés, se plaignaient volontiers auprès de leur ami Nasser des choquantes outrances de Choukeiry. C'était l'époque où toute l'Afrique noire, ou presque, était pro-israélienne.

197

L'âge d'or

Car cette époque a bien eu lieu, il conviendrait de s'en souvenir. L'exiguïté du jeune État, l'ardeur et la foi de ses fondateurs ; le fait qu'il soit entouré d'ennemis, donc assiégé ; la démocratie laïque qui s'y déployait malgré l'inspiration religieuse de la Constitution ; le caractère populaire et néanmoins prodigieusement efficace de son organisation militaire ; la résurrection d'une langue jusque-là confinée dans la liturgie ; les efforts de certains de ses dirigeants pour diversifier leurs relations internationales. Israël avait été le premier État à reconnaître la Libye puis la Chine communiste et le fait que son allié fût à cette époque, et dans un domaine aussi décisif que l'armée, la France plus que les États-Unis, tout cela était loin de conduire l'unanimité des « progressistes » à mettre Israël au ban des nations.

Ben Gourion, le vieux lion, s'entretenait de Spinoza et de Platon avec U Nu, son homologue birman. Sans doute, et par une curieuse singerie de l'Histoire, l'une des collectivités les plus cultivées du monde, adoptant soudain un critère qui lui était jusque-là étranger, était-elle conduite à mépriser l'arabo-islamisme incapable de vaincre par la force et le nombre une poignée de Juifs.

Davantage, adoptant les jugements sévères de Ibn Khaldoun sur les Arabes, les Israéliens les estimèrent définitivement, et congénitalement, inaptes à l'organisation, à l'unité, à la victoire. Au point qu'en 1973, lorsque après un premier succès retentissant les Égyptiens furent mis en déroute et contraints de repasser le canal de Suez, le général Dayan déclara, rassuré : « Les Égyptiens sont redevenus des Arabes. » Imprudent propos.

En tout cas, l'État d'Israël était assez insolite, particulier, inclassable pour que le manichéisme le plus aveugle devînt malaisé à son propos. Bourguiba disait qu'il fallait bien qu'il y eût quelque chose de spécial dans cet État pour qu'un ami du tiers-monde comme le maréchal Tito, s'il s'opposait à son expansion, se refusât à sa disparition.

Innovateur audacieux dans la décolonisation de son pays, le *leader* tunisien devint un précurseur téméraire sur la question palestinienne. Dès 1965, rompant avec la Ligue arabe, il adjurait que l'on laissât les Palestiniens revenir librement au Plan de partage adopté par l'ONU en 1948. Ne jamais tourner le dos à la légalité internationale, c'était son principe et sa stratégie pour vaincre l'Occident avec ses propres armes. Eût-il été écouté, Bourguiba eût prévenu l'une des tragédies du siècle. Ce n'est pas lui, en tout cas, qui eût attendu — pour obtenir plus que ce que l'on lui proposait — qu'un Bush succédât à Clinton et un Sharon à Barak !

Le roi Hassan II du Maroc observait, lui, non sans condescendance, qu'après tout on pouvait bien concevoir un ghetto à l'échelle du monde arabe. Il y avait un ghetto dans chaque pays, pourquoi n'y en aurait-il pas un qui les rassemblerait tous, ayant un nom particulier, et pourquoi pas un drapeau, un ghetto qui serait l'objet de la tolérance musulmane et de la bienveillance arabe ? Ce que les Occidentaux n'ont pu faire, pourquoi ne le ferions-nous pas ? Il y avait dans ces propos une sorte de désinvolture aristocratique mais aussi la mémoire bénie de l'âge d'or andalou, à l'époque des trois rois, et des trois religions. Le souvenir, aussi, de l'assistance que les médecins, les financiers, les philosophes et les ingénieurs juifs apportaient aux princes berbères. On pouvait tout attendre, dans cette disposition d'esprit, d'un petit État d'élite qui apporterait ce même genre d'assistance à une Arabie en devenir. Et puis les Marocains, en tout cas les Berbères, avaient une estime de chevaliers pour les hommes qui savent vaincre et mourir. Maintenant que les Juifs décidaient de vaincre en abandonnant leurs rapports anciens avec la mort, ils devenaient dignes de considération. Bref, les Israéliens, dans leur esprit, avaient, par le sang, légitimé leur existence.

Le mythe révolutionnaire

La constitution de l'OLP avec une charte préconisant une Palestine laïque, démocratique, ouverte à tous, devait donner au monde révolutionnaire l'occasion d'une mythologie et d'une solidarité générale. Plus de fanatisme, plus de racisme : les musulmans et les chrétiens — ces derniers étaient nombreux parmi les dirigeants palestiniens — tendaient la main aux Juifs. Il n'était plus question de les « jeter à la mer » ni même de les exclure de la Terre sainte. Sans doute les Palestiniens s'engageaient-ils à respecter les droits acquis des Israéliens, sans doute mille problèmes d'application de ce nouvel État œcuménique étaient-ils (peut-être volontairement) restés dans l'ombre, mais, enfin, il y avait un effort considérable d'ouverture, de modernisme,

d'adaptation aux nouveaux mythes d'émancipation et de révolution du tiers-monde.

Surtout, il y avait comme une prise en
charge, en compte, en considération, du message
occidental. C'était soudain Israël qui devenait le
pays fermé, religieux, fanatique et raciste. On ne
peut parler d'imposture à propos de ce projet de
l'OLP. Les Israéliens ont bien vite discerné que la
charte de l'OLP constituait la trouvaille la plus
astucieuse et la plus occidentalisée pour faire disparaître Israël en tant qu'État, tout en prétendant
transformer et conserver les Israéliens en tant
qu'individus.

Comme l'un des rêves d'Israël, selon
l'indomptable Golda Meir, était que les Juifs eussent, enfin, une région du monde où ils seraient
majoritaires, la proposition de l'OLP signifiait tout
simplement la destruction de ce rêve. Cependant il
se passait dans les masses arabes un courant de
contestation intérieure dont prirent conscience les
intellectuels et les *leaders* politiques de Damas et de
Bagdad, mais aussi de Tripoli et d'Alger. Nasser
s'était servi d'Israël pour tenter de regrouper les
Arabes dans une sorte de dignité nationaliste.

Les révolutionnaires quant à eux estimèrent
que la lutte contre Israël devait servir à mobiliser les

masses et à renverser les régimes féodaux en place. Il fallait passer du nationalisme à la révolution.

Radicalisations

L'OLP, sous une impulsion algérienne, devint le lieu où se préparait l'avenir révolutionnaire. Dans les camps de Beyrouth, on vit arriver tous les jeunes gens japonais, italiens, cubains, vietnamiens en quête d'une révolution. Ce sont les mêmes, toujours, disponibles et ardents. On les a vus dans les universités américaines contre la guerre du Viêt-nam, porteurs de valises contre la guerre d'Algérie, présents à Cuba pour aider à la récolte de la canne à sucre, présents aussi parfois dans les kibboutzim israéliens pour y pratiquer le socialisme communautaire et rural. Mais là, dans les camps palestiniens, avec l'argent libyen, les armes soviétiques, et les théoriciens algériens, ils apprenaient le tiers-mondisme et le terrorisme. C'était un glissement qui devait avoir des retombées en Allemagne, au Japon et en Italie. La forme tiers-mondiste du marxisme vint ainsi irriguer les jeunesses gauchistes qui basculèrent soudain dans un radicalisme meurtrier et désespéré. Les Brigades rouges ont hérité de ce phénomène considérable. Dans l'archéologie de notre violence moderne, curieusement, à un moment donné, les Palestiniens ont été déterminants. Le mythe de l'OLP était d'une ampleur considérable. Sans rapport avec sa réalité.

C'est bien mystérieux, les mythes, décidément. Je relis souvent des passages du livre de François Furet sur la Révolution française et je m'en persuade. L'OLP, tout comme le FLN algérien, s'insère dans les grands mouvements d'émancipation nationaliste, de révolte religieuse, d'affirmation ethnique. Avec les habillages idéologiques du moment, et dans le contexte géo-économique défini par les matières premières, ils font l'histoire de la seconde moitié du XXe siècle.

Quand l'OLP fit ses premières ouvertures, humanistes aux Juifs du monde, progressistes aux révolutionnaires de l'Occident, l'extrême gauche française, anticolonialiste par vocation, se mit à radicaliser ses positions anti-israéliennes. Attaqué jusque-là sur ma droite comme proarabe, parce que je préconisais depuis toujours une fédération de deux États souverains palestinien et israélien, parce que j'appelais résistants les terroristes, je fus bientôt attaqué sur ma gauche par les partisans de la disparition d'Israël. Le PSU et les trotskistes constituaient l'avant-garde — d'ailleurs souvent juive — de l'antisionisme. Il n'y avait pas à transiger avec le colonialisme. Quelles que fussent leurs intentions, les Israéliens n'étaient que des colons occidentaux étrangers en terre arabe. Comme tous les colonialismes, le leur devait cesser.

Sous les Turcs, les Anglais, les Jordaniens, il n'y avait jamais eu de révoltes faites au nom des Palestiniens. Elles étaient faites au nom des Arabes. Les Arabes n'ont jamais aimé les Palestiniens. Ils ont vu dans les Palestiniens des agitateurs qui pouvaient déstabiliser leurs peuples et leurs gouvernements. Ils eussent aimé gagner la première guerre et conserver une tutelle sur la Palestine.

Pris entre le panarabisme et le sionisme, les Palestiniens devaient dès lors affirmer leur identité nationale, sur un mode souvent mimétique qui n'allait que compliquer leur conflit avec Israël. Sans faire offense à l'idéal des Palestiniens, mais en soulignant sa dimension religieuse au sens large, anthropologique, on peut observer le rapport d'« imitation » de leur nationalisme au sionisme, au moins dans l'ordre du discours. Rapport qui semble toujours coïncider avec le modèle de la rivalité mimétique exposé par René Girard. La montée en puissance de certains thèmes paraît le confirmer : le sentiment d'abandon des nations et du risque d'extinction ; le rôle de la diaspora, la centralité de la terre, la primauté de Jérusalem ; l'insistance sur le droit au retour ; la sacralisation, *via* les lieux saints et les textes sacrés, de la lutte.

Il n'y a aucun jugement de valeur à retirer de cet effet de miroir inversé aggravé par la spirale des violences réciproques. Mais, ajouté à l'initial et mutuel déni, il montre (plutôt qu'il n'explique) le caractère inextricable du conflit.

Les Six Jours

De l'autre côté, on ne comprend rien à Israël si l'on ne mesure pas à quel point la victoire de 1967 a enivré les Juifs dans leur ensemble. Une victoire « éclair », écrasante, immédiatement transmise dans le monde entier, et dont la télévision devait fixer les images épiques d'un côté, atroces de l'autre. Le Sinaï, désert parcouru d'un grand sillon noir de cadavres, un peu comme le Nil partage l'immensité ocre de l'Égypte ; le long défilé des prisonniers arabes, marchant pieds nus sous le soleil, les chars, les avions et tous les équipements soviétiques cloués au sol et calcinés. Tous les stratèges du monde, et les Français plus que les autres, commentant le génie militaire des chefs israéliens et décidant d'inscrire ces batailles dans le programme de leurs écoles de guerre. Le minuscule État se gonflant soudain de toutes ses conquêtes. Deuil dans le monde arabe. Triomphe en Occident, chez tous les Juifs, bien sûr. Mais aussi, dans le tiers-monde, respect pour l'habileté, pour la force, pour la supériorité.

Quand la force a ce caractère spectaculaire, il y a toujours des foules et des poètes pour lui trouver les apparences de la justice, note Stendhal en parlant des campagnes napoléoniennes auxquelles il participe et pour lesquelles il ne dissimulait pas son admiration. Cette victoire de 1967, on sait bien — il arrive que l'on crédite de Gaulle d'une prescience à ce sujet — qu'elle a changé la face du monde. C'est en effet à partir de cette humiliation arabe qu'est née l'idée qui a pris corps après la guerre du Kippour en 1973 : celle, pour les nations prolétaires, de se servir de l'arme du pétrole.

Mais elle a continué, après le procès Eichmann et le réveil de la mémoire du génocide, à changer le comportement des Juifs et leur rapport avec Israël. Il est bien étrange en effet de constater que c'est une manifestation de force, une affirmation par une victoire militaire, qui a fait découvrir à de nombreux Juifs l'intensité du judaïsme, la permanence de ses « racines », la solidité des liens avec une tradition juive.

La reconquête de Jérusalem, avec toutes les connotations bibliques, toute la charge poétique et traditionnelle du nom même de la Ville sainte, la possibilité retrouvée de prier devant le Mur des lamentations, tout cela s'est mis à sécréter et autoriser un besoin de se réaffirmer juif.

Sans doute aussi ce retour au judaïsme a-t-il été favorisé par la déception suscitée par les avatars du stalinisme et même du communisme. D'autant que, pour ceux-là mêmes, qui ne renonçaient pas à l'espoir socialiste, la décision était prise — exactement comme pour les féministes — de ne pas attendre de la révolution la solution du problème juif, et en tout cas de ne pas attendre la révolution pour trouver une solution. On vit se multiplier les réseaux de soutien et de solidarité. Le tourisme des militants, des fidèles et des curieux ne fut jamais plus intense. Le prestige de tout ce qui était juif était incomparable. Certains grands intellectuels européens étaient tentés par la nationalité israélienne. Ils sont aujourd'hui pro-palestiniens et souvent malheureux de devoir l'être.

Mutations

Les Juifs les plus laïcs, les moins traditionnels, les plus ignorants de leur culture, les plus « déjudaïsés », comme disait Raymond Aron, se mirent à avoir un regain d'intérêt et parfois de passion pour la chose juive. Quant aux Juifs pro-arabes, ils se dirent tout bas qu'Israël avait lavé enfin le peuple juif de toutes les accusations de lâcheté, d'inaptitude au combat, de fuite devant le danger. Ils seront, ces derniers, dans la situation de bénéficier des retombées d'une cause, le sionisme, qu'ils font profession de désavouer.

Pour revenir à l'immense majorité, l'étrange reste que ce soit à la faveur d'une victoire mettant le peuple à l'abri de la persécution et du génocide que les Juifs vont être conduits à se pencher à nouveau sur le passé récent, sur l'Holocauste, sur les camps, sur l'attitude des différents peuples, sur les Français par exemple et en particulier. Contrairement à ce qui s'écrit aujourd'hui, les

Juifs de France n'ont pas retrouvé leurs antiques angoisses au moment où Israël était faible et isolé, mais depuis qu'Israël est vainqueur. Comme si, certains désormais de la solidité de l'État-refuge, confiants dans sa force et son avenir, instruits de ce que pouvait soulever comme montagnes la foi de leurs ancêtres, ces Juifs acceptaient de se dire la vérité sur l'antisémitisme environnant, et même éprouvaient le besoin, pour venger leur passé, de le réexhumer, et de rappeler au monde qui admirait soudain Israël ce dont il s'était rendu coupable naguère. En sacralisant la mémoire de la Shoah, ils participaient ainsi quelque peu aux victoires israéliennes. Il leur fallait que le malheur juif fût présent pour que le bonheur israélien fût plein — et justifié. Maintenant qu'on était sûr de pouvoir se défendre, on jurait qu'on ne se mettrait plus dans la situation d'être persécuté. On en devint vite injuste et vindicatif.

L'une des preuves à l'appui de l'observation que je crois devoir faire ici réside en ceci que les mêmes Juifs qui, lorsqu'ils formulaient un avis sur l'avenir du Proche-Orient, et la politique de la France avant 1967, exprimaient un pessimisme détaché sur le comportement israélien, et ne professaient point que le sort des

Juifs du monde pouvait être étroitement lié aux heurs et malheurs d'Israël, ces Juifs-là, s'étant rapprochés de l'État victorieux, après 1967, sont devenus mille fois plus sombres quant au destin des communautés juives du monde si l'isolement d'Israël s'aggravait. Autrement dit, c'est la victoire israélienne qui a intensifié les liens de la nouvelle Jérusalem avec la diaspora, et qui a fait revivre le judaïsme dans les milieux déjudaïsés ou, ainsi qu'on prétend ne plus dire aujourd'hui, « assimilés ».

Une guerre perpétuelle ?

Chaque Israélien se révèle alors précieux comme un soldat, non comme un témoin ; comme un combattant, non comme un messager. L'avènement d'Israël devient alors une rupture. Cet avènement se substitue à l'arrivée du Messie. Il n'est pas reconnu comme tel puisque les Juifs du monde ne s'y précipitent pas. Mais il devient le bouclier autant contre l'hostilité séculaire que contre l'agressivité environnante. Il rend moins vive l'antique espérance et moins nécessaire l'attente. S'il empêche l'enracinement ailleurs, c'est moins pour se garder disponible à l'égard de la Jérusalem universelle ou céleste que pour défendre cette Jérusalem terrestre, reconquise et menacée. On ne vit plus dans l'espérance et la foi des vaincus, mais dans la crainte et le tremblement des vainqueurs. À partir du moment où il n'y a plus d'an prochain, puisque c'est aujourd'hui Jérusalem, la vertu d'espérance passe au second plan par rapport aux vertus traditionnelles. Les Juifs sont dans la construction, dans la guerre, ils sont dans l'urgence, dans la mobilisation présente. D'autant que, selon le mot de Ben Gourion, ils « ne peuvent pas se permettre de perdre une guerre ».

Mais peuvent-ils s'autoriser à livrer n'importe quelle guerre, fût-elle défensive, et pour combien de temps ? « Donnée à Israël, la terre reste quand même propriété de Dieu et le peuple ne peut s'y considérer comme chez lui que s'il l'accueille en permanence comme un don. *Le pays est à moi, vous êtes chez moi, des émigrés et des hôtes.* » Si le don est définitif, la possession effective est, par conséquent, conditionnelle : le livre du Deutéronome dans les termes les plus durs prédit au peuple d'Israël qu'il sera chassé de sa terre s'il est infidèle à l'Alliance. Et c'est là qu'on retrouve le cruel caprice d'un dieu qui octroie à son peuple une terre dont la défense implique sans doute une fidélité à l'Alliance mais une trahison de l'Élection et des dix Commandements.

V

VIE ET MORT

« Sachez que Dieu lui-même m'a
fait du tort,
et qu'il m'a enveloppé dans son filet. »
Job XIX, 6.

Le destin (comme) une liberté

« Une vie ne vaut rien, mais rien ne vaut
une vie », la sagesse de l'Ecclésiaste, réinterpré-
tée par Malraux, n'est même pas littéralement
conforme à la tradition juive. Dire qu'une vie ne
vaut rien, c'est être conduit à s'interroger sur la
valeur de la vie alors que, manifestement, les
textes et les actes le prouvent, c'est la vie qui est
une valeur. On ne s'interroge pas sur la valeur de

la valeur. Ou alors, c'est le suicide ou le nihi-
lisme. La vie va donc servir de critère, et la
contradiction n'aura lieu qu'au moment où la
souffrance devient insupportable. Ce n'est que
dans Vigny que Moïse, lassé d'être puissant et
solitaire, réclame de s'endormir du sommeil de la
terre. Job souffre de tous les maux, mais veut-il
mourir ? Peut-être que ce qu'on appelle le messianisme est l'espoir pour l'espoir, l'espoir qui est
vie, l'espoir que la souffrance s'arrêtera, la vie qui
contient le Mal mais aussi son contraire.
Éternité du Souffle-de-Vie.

À ce titre, le messianisme refuse la venue du
Messie. Il est toute attente, et toute espérance.
Reconnaître le Messie dans le Christ n'était-ce pas
en quelque sorte supprimer, avec l'attente, l'espérance et la vie ? Le christianisme en comblant les
attentes a appauvri l'une de ses vertus théologales : l'espérance. Le christianisme a été conduit
à désacraliser le présent, à décréter que le royaume
n'était pas de ce monde, et à faire vivre les
hommes dans un coupable exil sur cette terre en
attendant la vie éternelle. Or c'est peut-être le
prix qu'ont voulu accorder certains auteurs
lorsqu'ils ont parlé des survivances païennes tant
dans le judaïsme que dans l'islam. Il y aurait

ainsi une opposition entre le christianisme et la vie. Christ aurait voulu dire : « Je suis la résurrection et la vie éternelle » — bien qu'il soit venu le dire parmi les hommes, à moins qu'il ne soit venu parmi eux *que* pour le leur dire. La souffrance ici-bas ne trouvera sa justification que dans la promesse, chaque fois reculée, d'une revanche ailleurs. Tout, pour les Juifs, doit au contraire se passer en ce monde.

Je voudrais m'attacher à faire comprendre comment, à partir de là, se dessine une relation singulière entre le Juif et la mort. L'organisation de la survie est, chez les espèces menacées comme chez les minorités traquées, le sujet d'observations anciennes et précises. C'est une organisation qui suppose une semi-clandestinité, des activités parallèles, des réseaux de soutien, une solidarité sans faille, des structures inaltérables. Ce sont les caractéristiques de toutes les sociétés plus ou moins secrètes, de toutes les franc-maçonneries et tous les compagnonnages qui savent partout dans le monde se chercher, se trouver, se faire reconnaître, se faire aider, abriter, protéger. La société dans son ensemble est l'objet de menaces si lourdes et si constantes que chacun de ses membres devient très précieux. Tous veillent à la vie de chacun, et la mort de l'un d'entre eux est ressentie comme l'annonce du déclin sinon du néant.

C'est probablement cette dimension de menaces qui explique en partie l'individu juif, lequel va rapidement au milieu des gentils avoir une conscience de la mort bien plus subjective et plus particulière que son entourage. Il n'est pas indifférent de noter que le suicide va pénétrer dans la société juive à une époque où il était inconnu (il devait le rester très longtemps) dans les sociétés africaines, arabes, proche-orientales et même occidentales. Le suicide suppose en effet une surestimation de la vie individuelle. On se pose la question de savoir si elle peut être supportée ou non parce que l'on a une façon personnelle de la vivre. On ne communie plus avec la tribu pour ressentir indifféremment les rythmes et les alternances du monde. Ou plutôt, plus exactement, on communie avec la tribu dans le respect de la vie, dans la lutte contre la fatalité. C'est le contraire de l'insertion dans le monde et de la soumission de la culture à la nature. Le monde n'est pas vu comme une représentation mais comme une volonté. Bien sûr, ce sera la volonté de Dieu, celle de garder son peuple, pour exprimer sa vérité, au travers de son témoignage. Mais cela se traduira par un amour de la vie, un attachement vigilant, jaloux, craintif et superstitieux de tout ce qui entretient, favorise, exalte la vie.

Le pur présent

Des siècles et des siècles ont façonné ce peuple dans une véritable peur de la mort. Sans doute le culte entretenu dans toutes les sociétés antiques, et dans les communautés bibliques, pour le patriarche en contact avec les dieux, le respect dû au conseil de ces Anciens qui, reliés tout à la fois à la terre et au ciel, faisaient accepter la noblesse de la mort, sans doute ces rites ont-ils probablement contribué à faire redouter une mort prématurée, une mort qui arriverait avant la sagesse et la science du vieillard. Il reste que, même au cœur de la société la plus méditerranéenne, la structure la plus familiale, les Juifs ont eu pour leurs enfants une dévotion charnelle et religieuse. Un enfant qui naît, ce n'est pas seulement l'héritier possible et, s'il est mâle le porteur du nom du père : c'est la preuve que l'espèce dure, que le message se transmet, que l'identité s'affirme et se prolonge, que le témoignage sera donné, que le peuple élu sera assez nombreux, le jour venu, pour montrer que, digne de son élection, il accueille le Messie.

Tout cela peut susciter des hommes de ruse plus que des hommes de risque, de jouissance plus que de sacrifice, d'espérance plus que de combat. Pour Louis Massignon, le grand islamisant et mystique catholique, « l'islam représente la foi, les juifs, l'espérance, la chrétienté, la charité ». On reconnaît là les trois vertus théologales. Les penseurs comme Levinas n'acceptent pas cette distinction. L'espérance, c'était de retourner à Sion, c'était l'espérance que résumait la formule « l'an prochain à Jérusalem ». Mais il fallait qu'elle fût accompagnée de la charité (reconnaissance de l'Autre) et de la foi en l'universel.

Bénédiction ou malédiction

Reste que la fameuse exhortation de Pindare — « Ô mon âme, ne cherche pas l'absolu mais épuise le champ du possible » — pourrait aussi bien être d'inspiration biblique. Dans toutes les sociétés méditerranéennes où elles se sont enracinées, les communautés juives ont évidemment partagé tous les rites familiaux, gastronomiques, sexuels et autres, tous les tabous et les préjugés. Mais la mort et les morts n'ont jamais fait l'objet des mêmes cultes et des mêmes célébrations. Le sens du présent, la disponibilité pour le bonheur, le respect du père, les interdits sexuels, les nostalgies culinaires : on retrouve tout cela chez les Berbères marocains, les Andalous, les Siciliens, les Maltais et tous les Méditerranéens. Mais chez ces peuples on trouve en plus une soumission à la mort ou une intégration de son irruption qui font défaut aux Juifs. La mort est toujours pour eux un scandale, comme si la vie était toujours une bénédiction.

Dans un livre, souvent fort beau d'ailleurs, *Tolède ou le Secret du Greco*, Maurice Barrès, le maître de nos modernes romantiques français, interprétait le *Guide des égarés* de l'Andalou Maimonide comme un manuel de fourberie destiné à procurer au peuple élu les mille et une recettes pour ruser avec les lois des pays où la dispersion les contraignait à vivre. Barrès, qui poussait le racisme viscéral jusqu'à déplorer d'avoir à déceler, chez les plus belles Espagnoles, des traces révélant une ascendance juive ou maure, malheureux au surplus d'avoir à se demander si après

223

tout ce n'était pas cette ascendance qui donnait à la femme espagnole son insolente beauté, Barrès, donc, avait assez de finesse et de pénétration pour sentir qu'il y avait quelque chose à chercher du côté des rapports entre les Juifs et la mort. Il le faisait sans doute en Espagne, civilisation où l'on sait la place qu'y tient la mort. Et il le faisait à propos du sens de l'honneur. Moins haineux et moins fanatique que ne devait l'être son disciple Maurras, moins philosophe aussi peut-être que ce dernier, Barrès ne jugeait pas que cette communauté juive espagnole fût lâche. Il s'interrogeait sur le fait de savoir s'il n'y avait pas un honneur communautaire et religieux qui commandait au fidèle de ne pas risquer, individuellement, dans un duel par exemple, une vie que l'on devait à Dieu.

Le dépassement dans le don

Je ne sais pas si le dernier mot en sociologie consiste à exclure le concept d'âme collective, ou d'inconscient collectif. Je crois savoir qu'on autorise plus volontiers l'expression d'imaginaire collectif. En tout cas, s'il est une notion précieuse pour ce qui nous occupe ici, c'est bien celle dont Freud use à la fin de sa vie dans son livre le plus discuté en raison de certaines erreurs historiques que les cuistres ont évidemment relevées avec la suffisance bien en honneur chez certains universitaires. Tout cela, qui n'est qu'une humeur, pour dire que, tout au long de ces « approximations », je ne tente qu'une interprétation, nourrie de lectures et d'expériences, de cette âme collective précisément.

Or le désir de se rassembler, de rester entre soi, de se protéger, de se garder, de se chérir, de s'armer, tout cela a conduit à un immense et fondamental refus de la mort, comme nous l'avons vu. Mais, pour revenir à Barrès, on pourrait dire que l'on peut juger du degré d'intégration des Juifs dans les sociétés où ils ont choisi de vivre d'après leur faculté de mourir, et cela non pas parce que cette faculté est le signe d'une appartenance, mais parce que, pour un Juif traditionnel, habité par l'inconscient millénaire de sa tradition, y puisant les racines de ses réflexes, donner sa vie pour autre chose que le judaïsme est le signe suprême d'un partage édifiant.

À ce titre, on peut dire, par exemple, que les Juifs allemands et les Juifs alsaciens, pendant la Première Guerre mondiale, ont donné des preuves d'enracinement dans leurs patries respectives.

On sait, de reste, combien les Juifs allemands ont été allemands. J'ai déjà cité le cas étrange d'un Allemand, Nahum Goldman — personnalité qui a joué un grand rôle dans l'obtention des réparations après la guerre, réparations que l'Allemagne devait verser pour participer à la construction de l'État d'Israël —, qui osait affirmer que rien ne ressemblait plus au génie allemand même que le génie juif, que l'un et l'autre pouvaient — à son avis ! — se confondre. Ce qui n'était pas du tout le signe de sa lucidité juive mais de son patriotisme allemand.

Souvent, je me demande — en fait, c'est surtout parce qu'on me le demande — ce que je peux avoir moi-même de « juif ». J'ai fini par penser que c'est peut-être cette attitude devant la mort. Je m'en suis expliqué ailleurs, mais, semble-t-il, dans l'imprécision et donc le malentendu. Je veux dire que ce que je respecte le plus dans cette spécificité juive, et donc ce en quoi j'accepterais le plus volontiers de me reconnaître, c'est ce rapport à la mort qui entraîne un rapport particulier à la souffrance et au Mal. Ce rapport qui se dessine lorsque, enfin, s'effacent les murs de la prison juive et que l'altérité n'est plus singularité, épreuve ou conflit, mais invitation au don.

On prête à madame du Deffand ce mot fameux : « Le fâcheux, c'est d'être né, et l'on peut pourtant dire de ce malheur-là que le remède est pire que le mal. » Notons en passant que Cioran n'a pas mieux dit. Marie du Deffand, marquise de son état, et dont le salon accueillait tous les Encyclopédistes, déclare préférer une vie impossible à pas de vie du tout. Adaptons pour certains Juifs la même pensée : « Le fâcheux, c'est d'être né Juif, et l'on peut pourtant dire de ce malheur-là que le remède (ici : n'être plus Juif) est pire que le mal. » C'est ce qu'a fini par penser Heinrich Heine. C'est ce que, sans l'avouer, sans parfois se le dire à eux-mêmes, nombre de Juifs croyants et incroyants ont pensé. Car on a compris que depuis la Shoah, aucune distance, même dans le malheur, n'est à leurs yeux concevable. Pour Spinoza, il ne s'agissait pas de n'être plus Juif mais, par l'émancipation et l'assimilation, de faire de la religion une affaire privée. C'était s'exposer au risque de la disparition des Juifs en tant que peuple. Et c'est ce qui a le plus choqué chez le philosophe solitaire d'Amsterdam. « Choisissez donc le sionisme politique », répondait-il. Mais aurait-il pu le faire après la Shoah et après l'État d'Israël ? Devant ces injonctions et ces impasses je voudrais, pour ma part, maintenir inaltérée la tension entre les deux pôles de l'extériorité solidaire et de l'appartenance critique. Je ne vois pas la nécessité, ici non plus qu'ailleurs, de sortir d'un questionnement dont j'ai fait ma philosophie et qui est, en tout point, hostile à la pensée théologique.

CONCLUSION

> « Alors Yahvé s'adressa à Job et lui
> dit : "Que dira maintenant le casseur
> de Dieu ?" »
>
> *Job* XL, 2-4.

Les Juifs croient à leurs mythes

J'écris ces lignes en un moment où les cré-
puscules sur champs de désolation sont plus
annonciateurs d'orages de fin du monde que
d'aurores des grands commencements. On peut
entendre venant de sépulcrales profondeurs les
voix des enfants martyrs mêlées aux cris des
révoltés, voix et cris adressant au ciel une interro-

gation consternée. Encore vives, garnies de brai-
ses, les cendres des victimes d'Auschwitz et de
Birkenau, d'Hiroshima et du Goulag ont vu
déferler pour les rejoindre celles du Cambodge et
du Rwanda, et ce fut notre XXe siècle. Or voici
que, depuis cette Terre promise, trois fois sainte
et célébrée avec tant d'insistance par le Créateur
pour souligner les vertus inégalables de l'offrande
faite à sa créature, l'aube du XXIe siècle se lève,
baptisée par le sang et les larmes des orphelins
palestiniens et israéliens.

J'écris cependant, aussi, ces pages dernières
au cours d'un voyage en Grèce dans les Cyclades
bénies des dieux au pluriel. Jamais au cours d'un
parcours déjà long, fût-ce à Tipasa, à Sidi Bou
Saïd, à Porto Ercole, à Bonifacio ou à Lipari, je
n'ai vu la Méditerranée si écrasante de bénéfiques
lumières. La beauté n'est intense, et d'ailleurs
n'est vraiment elle-même, que lorsque devient
évident et profond le besoin que nous avons
d'elle. Indifférente aux peuples souffrants qui
bordent ses rivages, cette mer souveraine procure
aux individus l'éternelle convalescence qui survit
au délabrement des corps. Des ombres mytholo-
giques planent ici. Celle d'Achille qui ne sort de
l'adolescence que pour choisir la gloire d'une

mort héroïque et précoce. Celle d'Ulysse qui accumule les exploits que pour finir ses jours chez lui et revenir près de Pénéloge, après avoir refusé d'être l'égal d'un dieu. Intensité ou Durée. Être un héros ou un sage. C'est l'alternative que, depuis l'Antiquité, des Méditerranéens proposent au monde. Mais Athènes n'est pas Jérusalem. Et Josué, comme plus tard Mahomet, lui aussi chef de guerre, refuse de choisir. Il entend réunir à lui seul la flamme et la lumière. C'est-à-dire l'Absolu.

J'écris enfin en des jours où les mères palestiniennes errent hagardes dans les ruines de leurs maisons dévastées et où les meilleurs des fils d'Israël en arrivent à s'interroger sur l'avenir de leur jeune État et même sur le sens de leurs combats. Israël était jusque-là, comme les États-Unis, et d'ailleurs en partie grâce à eux, le plus fort. Mais comme même la détention de l'arme nucléaire ne saurait dissuader aucun kamikaze, ni mettre à l'abri aucune puissance, on ne sait plus où désormais se trouve la force.

Témoin passionné de l'évolution des situations, je crois pouvoir affirmer qu'aucune d'entre elles n'a correspondu à une quelconque fatalité. Le malheur de tous a été celui de la liberté de chacun. En revanche, j'ai observé comment et à quel point une forme de pensée théologique, après avoir été bannie par les pionniers d'Israël et les laïcs palestiniens, a nourri les stratégies des extrémistes et des conquérants. Et je rappelle que, selon moi, jamais les incroyants n'ont mis véritablement en question l'origine biblique donc « révélée » de leur État.

Comment des êtres si pétris de culture, si dévotement respectueux de la connaissance, si soucieux d'en communiquer le goût à leurs enfants, si décidés à mettre la Création et la Pensée au-dessus des voluptés de l'argent et des tentations du pouvoir, oui, comment de tels êtres se refusent-ils aux simples exigences de l'esprit et aux évidences de la vérité ? Ils savent, ils ne peuvent faire comme s'ils ne savaient pas, que l'on ne fait pas un absolu de référence avec des métaphores, des apologues et des invocations. Pourquoi font-ils comme s'il n'y avait pas eu de déluge avant celui de Noé, comme s'il n'y avait pas eu de Tables de la Loi avant celles de Moïse, comme s'il n'y avait pas eu de Mésopotamie avant la naissance d'Israël ? « Les Grecs ont-ils cru à leurs mythes ? » se demande l'historien Paul Veyne. Réponse : non, sans doute. Mais les Juifs ? Oui !

Contrairement au merveilleux de l'*Iliade* et de l'*Odyssée*, celui de la Bible hébraïque est associé intimement à l'histoire d'un peuple. Or, la séparation entre le légendaire et l'historique est impossible s'ils sont l'un et l'autre dictés par la Révélation.

Les Israéliens, et surtout, d'ailleurs, leurs amis juifs et chrétiens, devraient comprendre qu'ils n'ont aucun intérêt à se référer à la Révélation, à l'Alliance et au Livre, autrement que comme des mythologies merveilleusement fondatrices. Car enfin, on a vu que si l'on pouvait sacraliser l'idée que l'on se fait de l'Élection comme injonction d'être les meilleurs, il n'est pas possible d'ignorer les versets du Deutéronome qui rappellent que la terre qui est donnée à Israël appartient à d'autres. Et Dieu insiste ! « Je te donne (tu trouveras) une maison que tu n'as pas bâtie, des murs que tu n'as pas élevés, des arbres que tu n'as pas plantés. » Autrement dit, si l'on veut s'installer dans la logique providentielle, Dieu rappelle qu'il faut qu'Israël mérite un droit de propriété qu'il n'a pas. Il faut que, par son comportement, Israël fasse oublier qu'il est étranger en terre étrangère. On peut dire qu'en 1948 les peuples du monde ont décidé que, en raison de ses souffrances et de ses attaches, Israël méritait de se réinstaller sur une terre qui ne lui appartenait plus depuis longtemps.

Retour et fonction de l'antisémitisme

Devant les contradictions écrasantes de cette condition, et comme pour y échapper, une vieille détresse juive s'est emparée des diasporas. Elle suscite, aux États-Unis et en France notamment, la théorisation d'un retour à l'antisémitisme éternel sous des formes inattendues. Certains intellectuels dont je respecte souvent le courage solitaire s'abandonnent cependant à soutenir qu'un *antiracisme propalestinien* se transformerait en antisémitisme pour dénoncer des Juifs qui seraient devenus des bourreaux aussi cruels que ceux dont ils ont été les victimes. L'émotion, archilégitime et mille fois justifiée devant la multiplication des actes antisémites, allant des graffitis aux injures, des brutalités à l'école à l'incendie des synagogues, cette émotion est d'autant plus vive que l'opinion publique paraît indifférente.

Reste que les théoriciens de ce renouveau du Mal négligent en général de se souvenir de l'extraordinaire popularité d'Israël au temps de sa naissance, puis de son épopée et de ses victoires, enfin, de la paix avec l'Égypte et des accords d'Oslo. On ne voyait alors nulle part de trace de *racisme propalestinien* contre les Juifs. Ensuite, les mêmes analystes décident de surinterpréter les dérives nettement antisémites — évidentes, alarmantes — des sentiments de solidarité avec les Palestiniens ; sentiments au départ suscités par le martèlement télévisé des informations sur la répression israélienne chez des vandales banlieusards, pour la plupart fils abandonnés d'immigrés arabes miséreux. Enfin, ce que les meilleurs esprits ne se résignent pas à accepter, c'est que le regard compassionnel sur les Juifs a radicalement changé. Pour le profit, l'intérêt et la gloire de leurs nations respectives, les Juifs ont retrouvé à Jérusalem, à New York et à Paris leur « antique splendeur ». Ils sont dans toutes les instances du pouvoir et de la création. Ils suscitent dans les autres communautés une admiration qui se transforme vite en convoitise. Ils ont, de plus, monopolisé en raison de leurs épreuves uniques pendant la Shoah, l'intérêt et la pitié.

Comment, avec ce nouveau regard sur eux, pouvait-on soupçonner que les Juifs ainsi regardés étaient au fond restés les mêmes ? Donc tout près de se retrouver dans l'état de victimes ? Et que cet état les a empêchés d'être lucides sur les raisons qui ont pu motiver une inquiétude alarmée devant les comportements de certains gouvernements israéliens qui ont sombré dans le théologique instrumentalisé ? Quant à l'indifférence de l'opinion, elle a souvent habité ceux qui ont eu l'impression que les mêmes Juifs qui avaient eu besoin d'eux naguère pouvaient désormais se suffire à eux-mêmes. Ce n'est ni une excuse, ni même une circonstance atténuante. Mais c'est une explication que l'on a le droit de proposer alors qu'il convient de s'interdire d'expliquer — de peur de paraître le « comprendre » — un phénomène qui peut ressembler à la Shoah.

Pour tout dire, dans certains cas, en vérité nombreux, la peur obsessionnelle, organisée et agressive de l'antisémitisme ainsi que sa dénonciation ont eu, à l'origine, une signification conjuratoire. Même pour ceux qui n'avaient aucun intérêt à l'exploiter et dont l'angoisse était nourrie par la mémoire de la tragédie, cette peur a eu un effet dangereusement préventif. Elle a permis d'éviter les questions qui s'imposaient de savoir s'il fallait, ou non, s'aligner sur la politique israélienne. Théo Klein est allé jusqu'à dire — avec l'audace que l'on lui connaît et l'autorité qu'il tire du fait d'être aussi israélien — qu'il y avait un certain *confort jubilatoire* pour une nouvelle génération à retrouver l'État victimaire et sa justification. Il n'y avait plus pour l'ex-victime de risque d'être traitée de « nouveau bourreau » puisqu'elle retrouvait l'état de victime.

Le dilemme de Leo Strauss

À la fin de la rédaction de cet essai, et bien que pour écrire je me sois imposé de ne plus me disperser dans la surabondance et intimidante surproduction littéraire mensuelle sur les Juifs, j'ai découvert le livre de Leo Strauss *Pourquoi nous restons Juifs ?* J'ai aussitôt compris que l'on ne pouvait, que je ne pouvais ignorer les réponses du philosophe allemand à des questions qui sont les nôtres, les miennes, et aujourd'hui surtout.

Leo Strauss est un philosophe singulier. Hannah Arendt, Karl Jaspers, Franz Rosenzweig avaient pour lui, et parfois malgré eux, une considération fascinée. Il a parcouru toutes les étapes de la médiation juive comme autant de moments de la pensée humaine. Mais ce qui, récemment hélas, l'a fait sortir du rang aux yeux du grand public, c'est le fait que les *néoconservateurs* américains, idéologues de droite, aient cru pouvoir se réclamer de lui. Après tout, les antisémites se sont bien réclamés de Nietzsche, et même parfois de Bergson.

Avant d'être professeur à Chicago, Leo Strauss a grandi en Allemagne dans une famille de Juifs orthodoxes dont il va se délivrer d'abord par une fréquentation passionnée de Spinoza, ensuite par une véritable conversion à un *sionisme athée. Il* préfère cette solution à une assimilation qui n'a pas réglé en Allemagne le problème juif. Strauss devient un militant engagé dans la cause du sionisme politique : autre manière de rester fidèle à la critique spinoziste de la religion.

Premier temps : Leo Strauss ne cesse de considérer le sionisme comme visant avant tout à restaurer l'honneur du peuple juif « et à le laver de sa déchéance millénaire » par la création d'un État national indépendant. Cette conversion de Leo Strauss au sionisme va l'éloigner encore plus radicalement de la religion juive. À ses yeux, le destin des Juifs dépend en effet de l'action des hommes dans leur nouvel État et non de l'intervention divine que l'on attendrait passivement. Le sionisme politique juge sévèrement cette attente messianique.

Deuxième stade : il faut un État rassemblant un peuple car « le Juif déraciné assimilé n'a rien à opposer à la haine et au mépris que son moi nu ». Mais, ce sionisme deviendra culturel « car il ne serait qu'une coquille vide sans une culture juive plongeant ses racines dans l'héritage juif ». On retrouve le *volontarisme historiciste,* c'est-à-dire le désir de ne pas se séparer de la fidélité historique au passé du peuple juif, sans évoquer encore une quelconque transcendance.

Enfin, troisèmement, Leo Strauss décide, tout en prétendant demeurer lui-même athée que, sans croyance à une Révélation, il n'est pas possible de vouloir rester Juif.

Or la grande, la seule idée précisément est, aux yeux de Leo Strauss et de tant d'autres, de rester Juif — pour rester Juif. Il n'y a pas de raison de l'être sinon de l'avoir été. On ne quitte pas son camp ; on ne fuit pas ses racines ; on ne déserte pas son peuple ; on n'échappe pas à son destin ; on ne manque pas à l'honneur. Il faut relever la tête et la maintenir haute et le génie juif le permet. Imposante et furieuse cohérence !

Ce sont des adjurations en forme de postulats péremptoires autosuffisants et tautologiques.

Je suis parce que je suis. Cette irrévocable décision est vociférée par des prisonniers qui redoutent manifestement d'être tentés de sortir de la prison et qui somment les autres d'y rester. Pourquoi cette rage de persévérer dans son être si l'on n'a pas quelque part la secrète et l'intime impression que c'est sans doute impossible ? Rien de plus édifiant que cette obligation pour Leo Strauss de trouver un certain sens (notamment dans la Bible) à ce qui n'en a jamais eu pour lui.

Comment ne respecterais-je pas ceux qui entendent « rester juifs » ? Sans le dire, mes ancêtres l'ont désiré pendant des générations, je suppose. Ils l'ont fait dans la plus extrême discrétion, celle de l'intimité familiale. Dieu accompagnait mon père à la maison. Il a cru devoir se retirer avec lui. Je n'ai pas l'impression de lui être infidèle en me découvrant, quant à moi, plus soucieux de savoir où me conduit mon destin que ne pas y échapper ; de recenser mes différentes racines que d'être fidèle à l'une d'entre elles ; de vérifier en fin de chaque jour que l'honneur se trouve bien là où ma conscience le place plutôt que de ne pas y manquer.

Je n'ai pas non plus le sentiment d'une infidélité lorsque j'estime que si l'on désire vraiment être un Juif — selon l'Élection — il s'impose, avant tout de chercher dans l'Histoire, dans le Livre, dans la Révélation, ce qui est compatible avec l'Universel.

Mais il est vrai que, contemporain en 2003 des tragédies du Proche-Orient, j'en suis arrivé à cette conclusion que les Juifs ne devraient retenir de leur Élection que l'injonction d'être les meilleurs, et de l'Alliance que l'obligation de faire d'Israël un phare des nations. Si cela est jugé impossible, alors tout le monde est juif et personne ne l'est. La prison demeure alors cruelle, glorieuse, absurde, éternelle. Comme la condition humaine ? Comme elle, en effet. Mais le métier d'homme ne consiste pas à choisir la servitude volontaire.

Simone Weil
ou le Grec et le Juif

Ce que je désire passionnément, c'est non pas être approuvé mais être compris. J'ai souligné dès le départ mes lacunes et mes insuffisances.

Même si elles sont moins abyssales qu'avant
d'écrire ce livre, elles demeurent énormes. J'ai
pris cependant la décision, sans doute téméraire,
de ne pas les tenir pour des handicaps incitant au
silence. Dans un certain sens, c'est tout le contraire. Car je me soucie moins de ce que Dieu a
dit que des raisons pour lesquelles on lui a fait
dire ce qu'Il a dit. Les versions différentes et successives du Pentateuque suscitent des exégèses
au-dessus de ma compétence mais au niveau de
mes observations.

Il n'est pas discuté, que je sache, que le peuple juif se définit d'abord par le fait qu'il bénéfi-
cie de l'Élection et de l'Alliance. La seule objection opposée à cette définition trop simple pour
les talmudistes comme pour les incroyants est
que des gens tiennent à se définir comme juifs
sans penser qu'ils appartiennent au peuple élu ni
qu'ils sont liés à un dieu par une Alliance. Argument dérisoire. Une religion peut être tout à fait
sécularisée. Les chrétiens nous en donnent chaque jour la preuve. Mais d'autre part : le judaïsme
n'aurait, dit-on parfois, rien à voir avec la foi.
Dans une savoureuse histoire racontée par Théo
Klein, un jeune étudiant s'en vient, alarmé,
consulter son rabbin. Il lui dit : « Rabbi, c'est ter-

rible, je crois que j'ai perdu la foi. » Et le rabbin en colère congédie l'étudiant en lui disant de ne pas tout mélanger et de bien étudier la Bible sans penser à « n'importe quoi ». Faisons la part de la boutade. Mais il y a une curieuse allégresse dans le fait de séparer ainsi Dieu de Son peuple et la Bible de son auteur. Ce qui reste de juif lorsqu'on ne croit ni à l'Élection, ni à l'Alliance, ni à Dieu, c'est alors quoi ? Spinoza a répondu : « Rien. » Rien, sauf des souvenirs communs de persécution, l'observance de rites familiaux festifs et culinaires, une même façon d'honorer ses parents et ses morts. Un humour, enfin, mais tellement lié au désespoir que, pendant au moins cinq ans, les vainqueurs éblouis de la guerre du Kippour en ont été privés.

De toute manière, et encore une fois, l'important n'est pas tellement de savoir ce que les Juifs croyants disent eux-mêmes sur leur croyance, mais pourquoi les incroyants se comportent comme s'ils croyaient, surtout depuis la Shoah et le retour à Sion. Les seconds vivent rivés à l'univers construit par les premiers. Là où l'incroyant accepte un joug, le croyant vit une grâce.

On me dira que toute méditation sur l'une quelconque des grandes religions et des grands systèmes éthiques conduit à souligner les limites de l'être humain. Et à surestimer, ce faisant, les capacités de l'homme à suivre les préceptes religieux et moraux. On voit bien en effet que tout appel à suivre les chemins de la sainteté et toute injonction à les parcourir jusqu'au bout reviennent à exiger délibérément, et sans doute malignement, l'impossible. Il est vrai qu'en islam il est question d'une « soumission émerveillée ». Pour être ébloui, l'enfermement n'en est pas moins total. À bien lire, *L'Enracinement*, le livre de Simone Weil, je finis par penser que son auteur dirait que Dieu a mis tous les humains dans la même prison et que, simplement, Israël les a précédés, sans reconnaître que le Christ pouvait en avoir brisé les barreaux. Peut-on dire ici que je n'en crois rien ? Les chrétiens ont eu l'immense mérite de s'inventer un dieu incarné pour partager les souffrances des hommes, mais ils ont trouvé quelqu'un de plus insupportable encore : celui qui leur enseigne qu'il faut tendre la joue gauche après avoir vu sa joue droite souffletée et répondre à la violence par l'amour. Ce n'est pas exactement ce que dira saint Bernard aux Templiers.

Impossible et indispensable sainteté

En tout cas, pour ma part et pensant aux seuls Juifs, j'ai essayé de montrer ou, pour être plus modeste, de rappeler que les plus grands penseurs juifs, de Martin Buber à Emmanuel Levinas en passant par Rosenzweig et par Gershom Sholem, ont mis toute leur énergie à redéfinir le terme d'Élection et celui d'Alliance de telle manière que le peuple juif ne puisse plus prétendre à l'exclusivité de l'une ou de l'autre. Une fois encore, pour résumer cette idée en termes plus simples, Dieu a, selon eux, conçu pour les Juifs une vocation qui n'est spécifique que dans l'excellence et jamais dans la différence ou la supériorité. Dieu fonde une aristocratie, c'est-à-dire une caste des meilleurs, dont le comportement doit être d'une exemplarité contagieuse et qui n'est fermée à personne. Chaque homme peut ainsi choisir de devenir saint, c'est-à-dire juif. Toutes les autres interprétations deviennent alors, selon les penseurs que j'ai cités, de véritables hérésies. Alors, pourquoi a-t-on si longtemps et si souvent affirmé le contraire, ou bien a-t-on avancé de la sorte ? Il n'est pas certain que l'idée d'un peuple élu, à qui, grâce à l'Alliance, serait réservé un sort privilégié et un statut de supériorité où les droits l'emporteraient sur les devoirs, ne s'origine dans une tradition antisémite ou, plus exactement, foncièrement hostile au judaïsme depuis le Ier siècle. Des chrétiens, ceux des conciles et des Pères de l'Église, ne seraient pas étrangers à cette interprétation.

Dans ce cas, je me suis autorisé, tout au long de ces pages, à mettre un signe d'équivalence entre la caste des meilleurs et celle des justes, et entre la classe des aristocrates et celle des saints. Si les Juifs n'ont pour vocation que d'être des prêtres et des témoins, alors on peut dire que le judaïsme est entièrement une exhortation à la sainteté. C'est d'ailleurs, selon moi, le cas de toutes les religions avant que les Églises n'en organisent et n'en confisquent le message. Autrement dit, il peut y avoir un peuple juif selon l'histoire d'une communauté qui s'est voulue particulière et pérenne. Mais, pour Dieu, dans l'humanité, et selon la logique qu'on Lui prête, le peuple élu cesse d'être juif, et le peuple juif cesse d'être élu dès qu'il se consacre à autre chose qu'au témoignage et à la prêtrise.

Maintenant, les incroyants. Ceux qui s'attachent à la seule histoire des hommes et à la seule historicité des textes ; ceux pour qui la Révélation n'a pas de sens, dans la mesure où Dieu, n'ayant pas d'existence, n'a rien à révéler ; ceux qui disent observer scrupuleusement les rites par respect du Père ou par solidarité avec les persécutés, ou par volonté de n'être pas des renégats ni des victimes de la haine de soi : tous ceux-là se comportent comme des religieux qui, ne se sentant pas visés par l'appel à la sainteté, choisissent de faire leur nid affectif et de trouver leur épanouissement spirituel dans une famille ou une communauté que la persécution consolide de manière périodique.

Dans un certain sens, on peut dire que les croyants ont accepté avec gratitude d'être enfermés dans cette prison-monastère dont ils ne sauraient sortir sans abjurer leur vœu de fidélité et d'appartenance. Tandis que les incroyants ont choisi volontairement, délibérément et continûment de vivre dans une prison où l'on ne pratiquait plus la sainteté, dont ils ont eux-mêmes construit les barreaux mais dont ils n'excluent pas qu'un dieu caché pourrait les punir de vouloir sortir. À la fin des fins, sortir de la prison, c'est sortir de soi. Les incroyants se sentent encore plus « élus » que les autres. Mais ils ne le savent pas.

La guerre et la paix

Toutes ces réflexions ont été à mes yeux confirmées par la réalisation de la promesse en Terre sainte étrangère, hier de Canaan, aujourd'hui de Palestine. Sur Israël, le lecteur qui voudra bien se reporter au recueil de mes écrits pendant presque cinquante ans découvrira des sentiments où l'admiration et l'empathie, surtout au début, se manifestent avec vigueur. J'ai même écrit ma dette à l'égard des Israéliens et je suis allé jusqu'à dire que la disparition de l'État juif tel que l'avaient rêvé les pionniers socialistes me rendrait en partie orphelin. C'était et cela demeure un beau rêve, un rêve d'homme qu'il n'est point nécessaire de judaïser ni d'arrimer à un dieu prolixe en promesses.

C'était après la victoire de 1967, du temps où le général Dayan m'affirmait que les enfants palestiniens lui étaient aussi chers que les siens. Ce sont des phrases qui ne sont pas indifférentes et sur lesquelles je m'attarde du fait de l'évolution de mes sentiments, non, bien sûr, sur l'État d'Israël dans le principe de son existence qui m'est chère, mais sur les gouvernements israéliens. Car j'ai pensé que, souvent, les pionniers juifs ont considéré les Palestiniens avec aussi peu d'égards que Dieu quand il déposséda les Cananéens de leur terre. J'ai pensé qu'il convenait de faire beaucoup mieux que ce dieu capricieux et colonisateur, dont la générosité seigneuriale se manifestait aux dépens d'un peuple qui était pourtant, lui aussi, appelé à la sainteté pour rejoindre le peuple élu.

Dans les années 1980, la célèbre journaliste américaine Flora Lewis m'invite à rencontrer à l'hôtel Ritz un homme dont elle dit qu'il est très puissant puisqu'il est le président du Congrès mondial juif et milliardaire. À la tête, je crois, d'une marque célèbre de whisky. Je revois bien cette scène. Dans son ivresse débraillée, le milliardaire demeure flamboyant. Ce n'est ni un prêtre, ni un témoin, ni un saint, ni un juste. Un squelette arrogant maintient les muscles affaissés. Lorsque vient mon tour de lui être présenté, j'ai droit à un sermon avantageux prononcé sans m'adresser un regard. Il m'annonce que j'ai l'honneur d'assister à une fête, la sienne, pour célébrer un pacte de solidarité arraché au cardinal-archevêque de New York, Mgr Spellman, je crois. C'est seulement mon silence qui le fait soudain s'intéresser à moi. Il me demande pourquoi je semble bouder un tel succès. Je lui réponds qu'il me paraît plus important aujourd'hui de conclure un pacte avec les Arabes, et plus précisément les Palestiniens, plutôt qu'avec des chrétiens prêts à tout pour se déculpabiliser de leur participation indirecte et lointaine à la Shoah. Flora Lewis m'entraîne pour m'éviter, me dit-elle ensuite, les sarcasmes agressifs dont les courtisans zélés de ce financier sont capables.

Autre anecdote. Un ami véritable que je n'avais pas vu depuis très longtemps me rend visite quelques semaines plus tard pour m'inviter à faire partie d'un Comité de défense et d'illustration de Jérusalem à côté d'un prix Nobel, d'un évêque, d'un pasteur et de plusieurs banquiers. Je demande alors lequel d'entre eux était arabe. Il m'a dit avec une parfaite bonne foi : « Tiens, nous n'avions pas pensé à introduire un musulman, un Arabe ou un Palestinien dans ce comité. » Comme c'est un ami, je lui dis combien m'alarme cette négligence qui relève soit de l'indifférence irresponsable, soit du mépris le plus affligeant. Tout cela pour dire que l'obsession des Juifs en diaspora a été, sans doute la solidarité avec la Terre retrouvée et avec les défenseurs de la Ville sainte, mais elle n'a pas été d'être fidèle à l'Élection ni à l'Alliance, selon la définition de mes grands penseurs juifs.

Retour à Jérusalem

À ce moment de mon récit, il me faut retourner à Jérusalem, mais, cette fois, en pensée. Comment est née cette ville ? A-t-elle été réellement promise ? À qui appartient-elle ? Combien de fois son nom figure-t-il dans la Bible hébraïque, les Évangiles et le Coran ? Je ne vais pas en débattre ici, bien que ma religion, c'est le cas de le dire, soit construite autour d'un petit nombre d'évidences. Car si je m'intéresse à ces questions, ce n'est pas pour y répondre, mais pour souligner qu'elles se posent, qu'on les a posées, que ce sont les héritiers d'Abraham, de Moïse, de Jésus et de Mahomet qui ont voulu les poser.

Déjà, ce seul fait m'a toujours paru énorme et, à vrai dire, de moins en moins supportable. Me promenant avec le dominicain que j'ai évoqué dans les premières lignes de cet essai nous sommes passés devant la cathédrale arménienne de Jérusalem et j'ai entendu mon guide rappeler, avec une douceur affligée, que le pape Jean-Paul II, tout récemment, n'avait pu y entrer parce que l'Église apostolique arménienne refusait l'autorité du Vatican. Chacun sait ce qui se passe entre les différentes sectes chrétiennes, les représentants des différents schismes musulmans et tous les clans des Juifs religieux. Après tout, cela pourrait ne pas avoir d'importance, et l'on aurait pu parler de cette ville comme on a parlé d'Amsterdam, au moment où Rembrandt peignait ses chefs-d'œuvre dans le quartier juif et où l'on venait de tous les pays d'Europe admirer une harmonie dans la coexistence des trois religions qui n'avait rien à envier à celle de l'Andalousie médiévale.

On aurait pu le faire de Jérusalem. On aurait dû le faire. Il est insupportable qu'on ne puissse parler de Jérusalem comme on a parlé de Cordoue et d'Amsterdam. S'il est une ville où l'inspiration des hommes et la miséricorde divine auraient pu se rejoindre pour faire briller fût-ce une seule petite lumière d'espérance, pour faire régner sur la ville une paix entre les citoyens de bonne volonté, pour transformer le glaive en soc de charrue et la haine en fraternité, cela aurait dû être, ce ne pouvait être que dans ce lieu d'élection, de sanctification où toutes les preuves de l'Alliance sont en principe réunies. Comment accepter que Jérusalem n'ait pas été cette cathédrale où les miséreux, les persécutés et les pécheurs viendraient se réfugier grâce à un droit d'asile que personne ne pourrait révoquer, et où aucune armée, aucune arme, ne saurait pénétrer ? Le fait que l'on puisse guerroyer à Jérusalem m'a paru, dès que j'ai appris l'histoire du royaume franc et des croisades, comme une désanctification, une paganisation d'un lieu miraculeusement resté magique et qui offrait — jamais cicatrisées — toutes les blessures du monde.

Mais quand, en 1967, il y eut la réunification de la ville, alors on s'est pris à croire, des proches l'on fait, à une mission redonnée par Dieu au peuple élu pour faire respecter la paix, la tolérance, et qui sait ? bientôt... l'amour. Bref, faire oublier Canaan. Aujourd'hui, cette illusion apparaît d'une insondable absurdité. En tout cas, si j'avais désiré une preuve supplémentaire du caprice sadique avec lequel Dieu traitait Son peuple (ou Ses peuples), ou du masochisme avec lequel les mêmes peuples s'étaient inventé cette ville trois fois sainte, il est évident que Jérusalem me l'a procurée.

Nous sommes là dans l'inexcusable, l'irrattrapable et l'impensable. Les inventeurs du Dieu unique et de Son exigence d'amour incontrôlé, les monothéistes qui ont imaginé le sens de l'Histoire et rompu avec le tragique transforment la Ville lumière, la capitale symbole, en une simple cité grecque où se déroulent des combats d'Atrides aveugles dans les ténèbres. Il faut avoir l'âme bien chevillée au corps pour résister à cette offense faite à la raison et à la compassion. Il faut, dit-on dans ces cas-là, simplement avoir la foi. Mais, si on ne l'a pas, comment l'avoir à ce prix ? On est dans le paradoxe des petits prophètes de l'ère babylonienne : « Pour aimer Dieu, il faut Le connaître et pour Le connaître, il faut L'aimer. » Reste que, lorsque j'apprends que des fanatiques palestiniens tirent sur des Juifs en prière et qu'un Israélien illuminé abat des Palestiniens prosternés devant le tombeau d'Abraham, alors je me dis que la prison juive est devenue celle de tous.

Le plus curieux, dans cette histoire, c'est que, chaque fois que je la rappelle, il se trouve toujours quelqu'un, en général un croyant, pour abandonner le domaine de la foi et se réfugier dans des explications « fatalistes ». À la question : « Comment croire ? » On répond que les hommes sont les hommes. Mais, précisément, il ne s'agit pas d'une simple histoire d'hommes ! En tout cas, cette histoire ne se déroule pas n'importe où ! À Jérusalem, depuis toujours des hommes ont aspiré au dépassement, ont voulu se transcender, ont imaginé un ordre supérieur. C'est cela être un homme. Et, s'il est décidé, contre toutes les vanités, à faire ce qu'on appelle son *métier* alors il lui faut chercher chaque jour, à chaque moment, une justice et une charité sans se demander en qui un dieu capricieux choisit de s'incarner pour défendre l'une et l'autre. Car s'il faut vraiment se placer du point de vue de Dieu, je ne vois vraiment pas pourquoi, soudain, chaque fois que je me pose les questions de Job ou de Pascal, c'est Zeus ou Sophocle qui me répondent. Je veux bien mourir pour ce que les Juifs, comme les autres hommes, ont d'universel. Mais non sans ouvrir les yeux sur les murs de la prison. Non sans faire comme si j'en étais sorti. Ou si, dans tous les cas, je pouvais la voir de l'extérieur.

TABLE

DU MÊME AUTEUR

Chez Odile Jacob

La Guerre et la Paix. Israël-Palestine. Chroniques 1956-2003, 2003

Chez d'autres éditeurs

L'Erreur, Gallimard, 1953 (préface d'Albert Camus)

Le Temps qui reste, Stock, 1973 ; Gallimard, 1984 (prix international de la Presse)

Le Refuge et la Source, Grasset, 1977 (préface de Roland Barthes)

L'Ère des ruptures, Grasset, 1979 (préface de Michel Foucault, prix Aujourd'hui)

De Gaulle et l'Algérie, Seuil, 1986

Les Religions d'un Président, Grasset, 1988

Cette grande lueur à l'Est (avec Youri Afanassiev), Maren Sell, 1989

Le Citoyen Mendès France (avec Jean Lacouture), Seuil, 1991

La Blessure, Grasset, 1992

L'Ami anglais, Grasset, 1994 (prix Albert Camus)

Voyage au bout de la nation, Seuil, 1995

Dieu est-il fanatique ? Essai sur une religieuse incapacité de croire, Arléa, 1996

Avec le temps, Carnets 1970-1998, Grasset, 1998 (prix Méditerranée 1999)

Soleils d'hiver, Carnets 1998-2000, Grasset, 2000

Œuvres autobiographiques, Grasset, 2002

Lettres de France — Après le 11 septembre, Saint-Simon, 2002

Cet ouvrage a été imprimé par

FIRMIN DIDOT

GROUPE CPI

Mesnil-sur-l'Estrée

*pour le compte des Éditions Odile Jacob
en octobre 2003*

Cet ouvrage a été composé et mis en pages
chez NORD COMPO (Villeneuve-d'Ascq)

Imprimé en France
Dépôt légal : octobre 2003
N° d'édition : 7381-1162-X - N° d'impression : 65575